AF503653

CATALOGUE

DES LIVRES

DE LA BIBLIOTHÉQUE

DE FEU M. LE COMTE DE BELDERBUSCH;

Dont la Vente se fera le mercredi 6 décembre 1826, et jours suivans, à six heures très précises de relevée, en son Hôtel, rue Neuve-des-Mathurins, n° 1, au coin de celle de la Chaussée-d'Antin.

Les Adjudications seront faites par MM. Coutellier, rue des Bons-Enfans, n° 28, et Devicque, rue de Grenelle, faubourg Saint-Germain, n° 64, Commissaires-Priseurs.

PRIX : 75 centimes.

A PARIS,

Chez De Bure frères, Libraires du Roi, et de la Bibliothéque du Roi, rue Serpente, n° 7.

1826.

ORDRE DES VACATIONS.

1re *vacation, le mercredi 6 décembre 1826.*

Sciences et Arts. 109 — 123
Théologie..... 1 — 9
Belles-Lettres.. 351 — 369
Histoire....... 665 — 708

2e *vacation, le jeudi 7.*

Sciences et Arts. 124 — 138
Belles-Lettres .. 370 — 388
Histoire....... 709 — 752
Théologie ..... 10 — 18

3e *vacation, le vendredi 8.*

Théologie..... 19 — 27
Sciences et Arts. 139 — 153
Belles-Lettres.. 389 — 407
Histoire....... 753 — 796

4e *vacation, le samedi 9.*

Sciences et Arts. 154 — 168
Théologie ..... 28 — 36
Histoire....... 797 — 840
Belles-Lettres.. 408 — 426

5e *vacation, le lundi 11.*

Sciences et Arts. 169 — 183
Théologie ..... 37 — 45
Histoire....... 841 — 884
Belles-Lettres... 427 — 445

6e *vacation, le mardi 12.*

Belles-Lettres... 446 — 464
Théologie..... 46 — 55
Sciences et Arts. 184 — 198
Histoire....... 885 — 927

7e *vacation, le mercredi 13 décembre.*

Sciences et Arts. 199 — 213
Belles-Lettres.. 465 — 483
Jurisprudence.. 56 — 64
Histoire....... 928 — 971

8e *vacation, le jeudi 14.*

Belles-Lettres... 484 — 502
Sciences et Arts. 214 — 228
Histoire....... 972 — 1014
Jurisprudence.. 65 — 73

9e *vacation, le vendredi 15.*

Jurisprudence.. 74 — 82
Sciences et Arts. 229 — 243
Histoire......1015 — 1057
Belles-Lettres.. 503 — 521

10^e *vacation, le samedi 16.*

Jurisprudence.. 83 — 91
Belles-Lettres .. 522 — 540
Sciences et Arts. 244 — 258
Histoire.......1058 — 1100

11^e *vacation, le lundi 18.*

Sciences et Arts. 259 — 273
Jurisprudence... 92 — 100
Histoire.......1101 — 1143
Belles-Lettres... 541 — 559

12e *vacation, le mardi 19.*

Jurisprudence.. 101 — 108
Belles-Lettres... 560 — 578
Sciences et Arts. 274 — 288
Histoire.......1144 — 1187

13ᵉ *vacation, le mercredi*   15ᵉ *vacation, le vendredi*
20 décembre.   *22 décembre.*

Belles-Lettres... 579 — 598   Belles-Lettres... 625 — 644
Sciences et Arts. 289 — 307   Sciences et Arts. 319 — 334
Histoire.......1188 —1235   Histoire.......1284 —1333

                                            16ᵉ *et dernière vacation, le*
14ᵉ *vacation, le jeudi* 21.   *samedi* 23.

Sciences et Arts. 308 — 318   Belles-Lettres... 645 — 664
Belles-Lettres... 599 — 624   Sciences et Arts. 335 — 350
Histoire.......1236 —1283   Addition ...... 1 — 50

TABLE DES DIVISIONS.

FIN DE LA TABLE.

chinot.

Dalino

melle hodot

porquet

melle hodot

porquet

Dalino

chinot.

~~tillivet~~.   imparfaite Du le 1er feuillet.
parquet.
p

CATALOGUE
DES LIVRES
DE FEU M. LE C^{TE} DE BELDERBUSCH.

THÉOLOGIE.

Versions grecques, latines, etc. de l'Écriture sainte.

1. Biblia græca, cum scholiis. *Lond.* 1653, *in-8. bas.* - 5 - 95
2. Biblia. *Lutetiæ, Rob. Stephanus,* 1556, *in-fol. bas.* 3 - 5.
3. Biblia sacra, ex recognit. S. Castalionis. *Basil.* 2. 1573, *in-fol. vel.*
4. Biblia sacra vulgatæ edit. *Antuerp.* 1715, *in-4. v. b.* 2
5. Biblia sacra, cum not. Vatabli. *Parisiis,* 1729, 15 - 5. *in-fol. m. r. 2 vol.*
6. Biblia sacra vulgatæ edit. *Rothomagi,* 1769, - 2 - 95. *in-8. bas.*
7. Bibliorum sacrorum vulgatæ versionis editio, 18. ad instit. Delphini. *Parisiis, F. A. Didot,* 1785, 2 *vol. in-4. dem. rel. dos de m. Pap. Vél.*
8. La Bible, nouvellement translatée par Séb. Cha- 1. teillon. *Bâle,* 1555, *in-fol. v. b. l. r.*
9. Sainte Bible en latin et en françois, avec des 82. notes tirées du Comment. de D. Calmet, de l'abbé de Vence, etc. *Paris,* 1767, 17 *vol. in-4. fig. v. m.*
10. Biblia sacra, germanice. *Norimbergæ, Cobur-* 3 - 5 *ger,* 1483, 2 *vol. in-fol. goth. dem. rel. fig. en* 21 - 10 *bois, color.* - - - - - - - - - -
11. La Bible en allemand, avec des notes par J. Die- 2 - 95. tenberger. *Cologne,* 1577, *in-fol. fig. bas.*

A

12. Nouveau Testament en syriaque, imprimé en caractères hébreux. *In-8. m. r. dent.*

Histoires et Figures de la Bible.

13. Histoire de l'anc. et du nouv. Testament, par D. Aug. Calmet. *Paris*, 1737, 4 *vol. in-4. bas.*

14. Dictionnaire universel de l'Ecriture sainte, par C. Huré. *Paris*, 1715, 2 *vol. in-fol. cart.*

15. Dictionnaire historique, critique, etc. de la Bible, par Dom Calmet. *Paris*, 1730, 4 *vol. in-fol. fig. v. b.*

16. Discours historiques et critiques sur la Bible, par J. Saurin. *La Haye*, 1728, 6 *vol. in-fol. fig. v. b.*

17. Physique sacrée, ou Histoire naturelle de la Bible, trad. du latin de J. J. Scheuchzer. *Amst.* 1732, 8 *vol. in-fol. fig. v. m.*

Interprètes et Commentateurs de l'Écriture sainte, etc.

18. A. Calmet Commentarium litterale in Bibliam, a gallico in latinum serm. translatum. *Augustæ Vindel.* 1734, 7 *vol. in-fol. bas.*

19. J. Lightfooti Opera omnia. *Roterd.* 1686, 2 *vol. in-fol. vél.*

20. Oluf Gérard Tychsen, ou Excursions dans les parties les plus variées de la littérature biblico-asiatique, par Hartmann. *Bréme*, 1818, 2 *tomes en* 4 *vol.* = Appendice, 1 *vol. en tout* 5 *vol. in-8. br. en allemand.*

21. A. Kircheri turris Babel, sive archontologia. *Amst.* 1679, *in-fol. fig. dem. rel.*

22. Moyse considéré comme législateur et comme moraliste, par M. de Pastoret. *Paris*, 1788, *in-8. v. r.*

23. Le Livre faisant mention des sept paroles que notre Sauveur Jésus-Christ dit en l'arbre de la croix, etc. *Paris*, 1535, *in-4. goth. bas.*

24. Sacrorum bibliorum concordantiæ. *Lugd.* 1664, *in-4. v. b.*

15. Luch. bi+

20. C.

et Kircheri Latinum

Dondey Dupré

Tillier

p.

g. Wario
idem

Mcquignon jr.
Mlle Bodet
Dondey Dupré.

Mazmer
Simonet

chinot.

Dabin

26. grp. x+

Decurticurs

p.

truchy

tellier

thouret.

Kilian

idem

idem

Decurticurs

p.

le Colas

martin

Colas.   avec un forquin

25. Bibliorum sacrorum vulgat. edit. concordan- *3 - 60.*
tiæ. *Antuerp.* 1732, *in-4. v. b.*

Liturgies. Conciles.

26. Thesaurus sacrorum rituum, seu comment. *4 - - - 9.*
in rubricas Missalis et Breviarii Romani, auct.
B. Gavanto. *Antuerp.* 1646, *in-4. m. n.*
27. Missale Romanum. *Antuerp.* 1683, *in-4. v. b.* *2 -*
28. Missale Coloniense. *Colon.* 1625, *in-fol. v. b.* *2 - 65*
29. Office de la semaine sainte, lat. et franç. à *8 - 95*
l'usage de Paris, sans renvois. 1783, 6 *vol. in-8.*
m. bl. tab.
30. Heures, en allemand. *Pet. in-8. goth. rel. en* *15 - 95.*
velours rouge.
Manuscrit sur Vélin, orné de miniatures, de lettres initiales
et de bordures peintes en or et en couleurs.
31. Concilia rothomagensis provinciæ, studio *4*
G. Bessin. *Rotomagi,* 1717, *in-fol. cart.*

Saints Pères, etc.

32. Spicilegium, sive collectio vet. aliquot scripto- *16*
rum qui in Galliæ Bibliothecis delituerant, studio L. Dachery. *Parisiis,* 1723, 3 *vol. in-fol. bas.*
33. Vetera analecta, sive collectio aliquot operum, *8 - 50*
cum not. J. Mabillon. *Parisiis,* 1723, *in-fol. v. b.*
34. Thesaurus novus anecdotorum, studio Ed. Mar- *20 - 5.*
tene. *Lut. Paris.* 1717, 5 *vol. in-fol. dem. rel.*
35. Sancti Athenagoræ Opera, gr. et lat. curante *1 - 55.*
Rechenbergio. *Lipsiæ,* 1685, *in-8. vél.*
36. M. Minucii Felicis Octavius, curante Ernesti. *1 - 50*
Longosalissæ, 1760, *in-8. bas.*
37. L. C. Lactantii Firmiani Opera omnia, cum *2 - 50.*
notis var. *Gottingæ,* 1736, *in-8. bas.*
38. Sancti Augustini Opera, studio monachorum *21*
ord. sancti Benedicti. *Antuerp.* 1700, 10 *tomes*
en 7 *vol. in-fol. v. b.*
39. Quatuor tractatus vener. fratris Alberti Magni. *1 - 30*
Sine loco et anno, in-8. goth. dem. rel.
Le volume est très mouillé.

A ij

40. Clementis XI Opera omnia. *Francof.* 1729, 2 *vol. in-fol. bas.*

Théologie scholastique, parénétique, etc.

41. Les Provinciales, par Pascal, avec les notes de Wendrock, (Nicole.) *Leide*, 1761, 4 *vol. in-12. v. m.*

42. Doctrina et Disciplina ecclesiæ, auct. L. Dumesnil. *Coloniæ*, 1730, 4 *vol. in-fol. dem. rel.*

43. Petit Carême de Massillon. *Paris*, 1745, *in-12. v. b.*

44. Le Même. *Paris*, 1808, *in-12. v. f. Pap. Vél.*

45. Sermons d'Ernesti. *Leipzig*, 1768, 3 *vol. in-8. dem. rel. en allemand.*

46. Sermons de Zollikofer. *Leipzig*, 1772, 2 *vol. in-8. dem. rel.* = Sermons d'Ernesti. *Leipzig*, 1768, *in-8. dem. rel. en allemand.*

47. C. ab Hogelande cogitationes de existentia Dei. *Amst. L. Elzevirius*, 1646. — Ejusd. de divina prædestinatione dissert. *Amst. L. Elzev.* 1653, *in-12. vél.*

48. Essai sur l'indifférence en matière de religion, par l'abbé de La Mennais. *Paris*, 1818, 2 *vol. in-8. dem. rel.*

Théologie hétérodoxe, etc.

49. Institutio Christianæ religionis, par Jean Calvin, trad. du latin et du français en allemand. *Heidelberg*, 1572, *in-fol. dem. rel.*

50. Religio medici, auct. Brown. *Argent.* 1665, *in-12. vél.*

51. Mischna, sive totius Hebræorum juris, rituum, etc. systema, hebr. et lat. ed. G. Surenhusio. *Amst.* 1698, 6 *vol. in-fol. dem. rel.*

52. De legibus Hebræorum ritualibus lib. III, auct. J. Spencero. *Hag. Comit.* 1686, *in-4. vél.*

53. Specimen Alcorani quadrilinguis, arab. persici, turcici, latini, auct. A. Acolutho. *Berlini*, 1701, *in-fol. cart.*

Mcquignon j.r.

Dabin

merlin

Dabin —
le conte
le tellier.

p.

Descourtieret.

tellier

Colat.

Colat
Colat

Contelljier

avec un volume

st. luch. port

p.
Crozet.

54. Byron.
55. alt. ax† Byron.

p.
clard

clard

plusieurs vol. pourris.

p.
clard

62. alt. aiz† C. inst.

merlin

54. L'Alcoran de Mahomet, translaté d'arabe en françois, par Du Ryer. 1649, *in-12. parch.*

55. Zend-Avesta, ouvrage de Zoroastre, trad. par Anquetil du Perron. *Paris,* 1771, 3 *vol. in-4. v. éc.*

JURISPRUDENCE.

Droit canonique.

56. Corpus juris canonici, edente J. H. Boehmer. *Halæ Magd.* 1747, 2 *tom. en* 1 *vol. in-4. vél.*

57. Polyanthea sacrorum canonum coordinatorum, opera J. P. Paravicini. *Colon. Agrip.* 1719, 3 *vol. in-fol. bas.*

58. Aug. Barbosæ Opera omnia in jus pontificium. *Lugd.* 1669, 9 *vol. in-fol. vél.*

59. J. Febronii de statu ecclesiæ, et legitima potestate romani pontif. liber. *Bullioni,* 1763, 2 *vol. in-4. v. b.*

60. Compilatio decretalium Gregorii Noni. *Basil.* 1494, *in-4. goth. m. r. dent.*

61. Decretales Gregorii ix, cum glossis. *Lugduni,* 1540. = Liber sextus decretalium. *Ibid.* 1540. = Decretum Gratiani. *Ibid.* 1541, 3 *vol. in-fol. dem. rel.*

62. Magnum Bullarium Romanum, a Leone Magno usque ad Benedictum xiv, auct. L. Cherubino. *Luxemburgi,* 1742, 18 *tom. rel. en* 12 *vol. in-fol. bas.*

63. Defensio declarationis celeberrimæ quam de potestate ecclesiastica sanxit clerus gallicanus 19 martii, 1682, ab J. B. Bossuet, ex speciali jussu Ludovici Magni C. R. scripta et elaborata. *Luxemburgi,* 1730, 2 *tom. en* 1 *vol. in-4. v. b.*

Droit de la nature et des gens, etc.

64. Histoire de la Législation, par M. de Pastoret. *Paris, Imp. Roy.* 1817, 4 *vol. in-8. dem. rel.*

65. Corps universel diplomatique du Droit des gens, par J. Dumont. *Amst.* 1726, 8 *vol. in-fol. v. b.* = Supplément, par Dumont et Rousset. *Amst.* 1739, 3 *vol. in-fol. v. b.* = Histoire des Traités de Paix, par J. Y. de Saint-Prest. *Amst.* 1725, 2 *vol. in-fol. v. b.* = Négociations secrètes touchant la paix de Munster et d'Osnabrug. *La Haye,* 1725, 4 *tom. en* 2 *vol. in-fol. v. b.* = Histoire des anciens Traités, par Barbeyrac. *Amst.* 1739, 2 *vol. in-fol. v. b.*

66. Le Droit de la nature et des gens, trad. du lat. de Pufendorf, par Barbeyrac. *Amst.* 1734, 2 *vol. in-4. cart.*

67. H. Grotii de jure belli ac pacis lib. III. *Amst.* 1670, *in-8. v. b.*

68. Le Droit de la guerre et de la paix, trad. du lat. de Grotius, par Barbeyrac. *Amst.* 1724, 2 *vol. in-4. cart.*

69. Histoire des anciens Traitez, par Barbeyrac. *Amst.* 1739, 2 *vol. in-fol. dem. rel.*

70. Abrégé de l'hist. des Traités de paix, entre les puissances de l'Europe, par Koch. *Basle,* 1796, 2 *tom. en* 1 *vol. in-8. dem. rel.*

71. Recueil hist. d'actes, négociations, etc. depuis la paix d'Utrecht, par Rousset. *La Haye,* 1728, 2̷ *vol. in-12. v. m.*

72. Fœdera, Conventiones, etc. acta publica inter reges Angliæ et alios imperatores, reges, etc. accurante T. Rymer. *Londini,* 1714, 17 *vol. in-fol. v. b.*

Il manque le tome 13.

parché De la fontaine

65. no.

Colat.

malafait.

aillard.

malafait.

Le comte

cluzel.

Le Comte.

Colas.

Dabin

76. C.

77. C.

78. alt. de+ luch. mz+

Merlin

p.

Colas.

Le Comte.

Colas.

Dabin

idem

Lefevre

73. Code diplomatique, par Portiez. *Paris*, 1802, 4 *vol. in-8. cart.*

74. Novus thesaurus juris civilis et canonici, ex collect. G. Meerman. *Hag. Com.* 1751, 5 *vol. in-fol. v. m.*

75. C. Sigonii de antiquo jure populi Romani lib. XI. *Lipsiæ*, 1815, 2 *vol. in-8. bas.*

76. Corpus juris publici, auct. P. R. Vitriario, edente J. F. Pfeffingero. *Gothæ,* 1739, 4 *vol. in-4. v. b.*

77. J. J. Schmaussens corpus juris publici academicum. *Leipzig*, 1759, *in-8. vél.* = Hist. du Droit germanique, par Pütter. *Goettingue*, 1783, *in-8. dem. rel. en allemand.*

78. Codex legum antiq. in quo continentur leges Wisigothorum, etc. edente F. Lindenbrogio. *Francof.* 1613, *in-fol. v. b.*

79. Les Lois civiles dans leur ordre naturel, par Domat. *Paris,* 1771, 2 *vol. in-fol. dem. rel.*

Droit français.

80. Maximes du Droit public français. *Amst.* 1775, 6 *vol. in-12. v. m.*

81. Bulletin des lois. *An* II, (1794) *à* 1813, 45 *vol. in-8. dem. rel.*

82. Manuel du Droit français, par Pailliet. *Paris,* 1813, *in-8. bas.*

83. Nouveau Traité et style de la procédure civile. *Paris*, 1808, *in-4. dem. rel.* = Manuel des Arbitres, par Boucher. *Paris*, 1807, *in-8. br.*

84. Code administratif, par Fleurigeon. *Paris,* 1806, 5 *vol in-8. dem. rel. et br.*

85. Cours de Droit commercial, par Pardessus. *Paris,* 1814, 3 *vol. in-8. br.*

86. Etat actuel de la Législation sur l'administration des troupes, par P. N. Quillet. *Paris,* 1811, 3 *tom. en* 1 *vol. in-8. v. rac.*

87. Bibliothéque philosoph. du Législateur, du Politique, etc. par Brissot de Warville. *Paris*, 1782, 10 *vol. in-8. cart.*

Droit étranger.

88. J. S. Putteri elementa juris publici germanici. *Goettingæ*, 1756, 1 *tom. en* 2 *vol. in-8. intercalés de papier blanc.* = J. H. C. de Selchow Elementa juris publici Germanici. *Goettingæ*, 1782, *in-8. dem. rel.*

89. Corpus Constitutionum imperialium, germanice, auct. Andlern. *Francof. ad Mœn.* 1760, 3 *vol. in-fol· v. b.*

90. Recueil des Constitutions impériales, publié par M. de Haiminsfeld. *Francfort*, 1712, *in-fol. dem. rel. en allemand.*

91. Recueil complet des Recès impériaux rendus par la diète depuis l'empereur Conrad ii, jusqu'à présent. *Francfort*, 1747, 4 *tom, en* 3 *vol. in-fol. bas. en allemand.*

92. La Bulle d'or de l'empereur Charles iv, dressée à Nuremberg en 1536. *Francfort*, 1612, *et autres pièces dans le même vol. in-4. parch. en allemand.*

93. Corps du Droit de la Chambre impériale. *Wetzlar*, 1727, *in-fol. vél. en allemand.*

94. Corpus juris feudalis germanici, auct. J. C. Lunig. *Francof.* 1727, 3 *vol. in-fol. vél.* = Corpus juris militaris, edente eodem. *Leipzig*, 1723, *in-fol. vel. en allemand.*

95. Corpus juris et systema rerum metallicarum. *Francfort*, 1698, *in-fol. vél. en allemand.*

96. Recueil complet des édits et ordonnances de l'Electorat de Cologne. *Cologne*, 1772, 2 *vol. in-fol. bas. en allemand.*

97. Ordonnances, Statuts, etc. pour les biens territoriaux du pays de Brunswich-Lunebourg.

87. alt. ah+ Car.

Colas.

89. C. inf.
90. C.
91. C. inf.

93. C. inf.
94. inf.

95. C.

Calas.

97. C.

98. C.

Colas.

100. C.

parquet.

Dabino

Dondey Duprè.

106. Car.

Corneille

108. Of.

idem

Goettingue, 1739, 6 *vol. in-4. vél. en allemand.*

98. Recueil contenant les édits de Liége, par de Louvrex. *Liége*, 1751, 4 *vol. in-fol. fig. v. m.*

99. Code de procédure prussien, (1ᵉʳ livre du Code Frédéric.) *Berlin*, 1781, 3 *vol. in-8 br.* ＝ Correspondance relative à la réforme de la justice en Prusse. *Berlin*, 1780, *in-8. br. en allemand.*

100. Repertorium Montalvi, seu compilatio legum regni Castelle, per Alfonsum de Montalvo. (*Hispali*,) *impensis Lazari de Gazanis, impressum a Mainardo Ungut Alamanno*, 1498, *in-fol. goth. rel. en bois.*

101. Constitution de l'Angleterre, par de Lolme. *Paris*, 1789, 2 *tom. en* 1 *vol. in-8. dem. rel.*

102. Commentaire sur les Loix anglaises de Blackstone, trad. de l'angl. *Bruxelles*, 1774, 6 *vol. in-8. v. m.*

103. Discussions importantes débattues au Parlement d'Angleterre, depuis 30 ans. *Paris*, 1790, 4 *vol. in-8. bas.*

104. Police de Londres, par Colquhoun, trad. en allemand, par Volkmann. *Leipzig*, 1800, 2 *vol. in-8. dem. rel.*

105. Législation orientale, par Anquetil du Perron. *Amst.* 1778, *in-4. dem. rel.*

106. Code des Loix des Gentoux, ou Réglemens des Brames, trad. de l'angl. *Paris*, 1778, *in-4. cart.*

107. Constitutions des treize États-Unis d'Amérique. *Paris*, 1783, *in-8. v. j.*

108. Défense des Constitutions américaines, par John Adams, trad. de l'angl. *Paris*, 1792, 2 *vol. in-8. dem. rel.*

SCIENCES ET ARTS.

Philosophie. Philosophes anciens.

109. Histoire philosophique, depuis la création du Monde jusqu'à la naissance de J. C. *Ulm,* 1731, 7 *vol. in-*12. *bas. en allemand.*

110. Histoire critique de la Philosophie, par Deslandes. *Londres,* 1742, 3 *vol. in-*12. *v. m.*

111. Examen du Pyrrhonisme ancien et moderne, par de Crousaz. *La Haye,* 1733, *in-fol. dem. rel.*

112. Bibliothéque des anciens Philosophes, par Dacier. *Paris,* 1771, 5 *vol. in-*12. *dem. rel.* = Loix et Dialogues de Platon, trad. en françois, par Grou. *Amst.* 1769 *et* 1770, 4 *vol. in-*12. *dem. rel.*

113. Epicuri philosophia, per P. Gassendum. *Lugd.* 1675, 2 *tom. en* 1 *vol. in-fol. vél.*

114. Ocellus Lucanus, Timée de Locres, et Défense du paganisme de l'empereur Julien, en grec et en franç. trad. par d'Argens. *Berlin,* 1762, *et ann. suiv.* 3 *vol. petit in-*8. *bas.*

115. Procli in Platonis theologiam lib. sex, ex vers. Æm. Porti. *Hamburgi,* 1618, *in-fol. v. b.*

116. Aristotelis Opera, latine reddita. *Francof.* 1593, 6 *vol. in-*8. *bas.*

117. M. Pselli metaphrasis lib. II. posteriorum analytic. Aristotelis, ex interp. S. Margunii. *Venetiis, apud Juntas,* 1574. = B. Tomitani animadv. in 1um lib. posteriorum resolutoriorum. *Venet. apud Juntas,* 1574, *in-*4. *vél.*

118. L. A. Senecæ philos. et M. A. Senecæ rhetoris, quæ extant Opera. *Paris.* 1613, *in-fol. vél.*

109. C.

Dalin

Dalin

idem

114. Luch. az⁺ Letr.

115. Luch. b⁺   percé de deux trou. Dalin
                                                     idem.

                                                     idem

Chimot.

121. C.

Lafitte

p.

m^lle Bodot.

la meme

m^lle Bodot.

merlin

idem   128. C.

Chimot.   avec un 2e Exempl.

Simonet.

p.

m^lle Bodot.

119. L. Annæi Senecæ philosophi Opera. *Patavii,*
     1728, 3 *vol. in*-12. *v. f.*
120. L. An. Senecæ natur. quæstiones. *Venet.*
     Aldus, 1522, *in*-4. *v. f. dent.*
121. Boethius de Consolatione philosophiæ. *Pa-*
     tav. Cominus, 1744, *in*-8. *bas.*

Philosophes modernes.

122. Fr. Baconi Opera omnia ex angl. in lat. serm.
     translata, studio S. J. Arnoldi. *Hafniæ,* 1694,
     in-fol. vél.
123. Analyse de la Philosophie du chancelier
     Bacon. *Paris,* 1755, 3 *vol. in*-12. *v. m.*
124. R. Descartes principia Philosophiæ. *Amst.*
     1692, *in*-4. *fig. bas.*
125. Th. Hobbes Opera philosophica. *Amst.* 1668,
     in-4. *fig. v. b.* avec le h* thé qui fait le tome 2°.
126. J. B. Duhamel Opera philosophica. *Norimb.*
     1681, 2 *vol. in*-4. *vél.*
127. Critique de la pure raison, par Kant. *Riga,*
     1790, *in*-8. *dem. rel. en allemand.*
128. Examen de l'ouvrage de Kant, intitulé : Cri-
     tique de la pure raison, par Schulz. *Francfort,*
     1791, 2 *vol. in*-8. *dem. rel. en allemand.*
129. Essais philosophiques, par A. Smith, trad. de
     l'angl. *Paris,* 1797, 2 *tom. en* 1 *vol. in*-8. *bas.*

MORALE.

De l'Éducation, etc.

130. Principes des mœurs chez toutes les nations,
     ou Catéchisme universel, par Saint-Lambert.
     Paris, 1798, 3 *vol. in*-8. *br.*
131. La Doctrine des Mœurs, tirée de la Philoso-
     phie des Stoïques, représentée en 100 tableaux,
     par Gomberville. *Paris,* 1646, *in-fol. fig. v. b.*
132. M. Antonini imperatoris eorum quæ ad se

ipsum lib. xii, gr. et lat. *Glasguæ*, 1744, *in-12. dem. rel.*

133. Les Caractères de la Bruyère. *Paris, édit. stéréotype d'Herhan*, 1802, 3 *vol. in-12. v. f. Pap. Vél.*

134. Le Spectateur, trad. de l'angl. *Amsterdam*, 1741, 6 *vol. in-12. v. j.*

135. La Spectatrice, trad. de l'angl. *La Haye*, 1750, 4 *vol. in-12. bas.*

136. Méditations d'Hervey, trad. de l'angl. *Paris*, 1771, *in-8. bas.*

137. De animi tranquillitate dialogus, auct. F. Voluseno. *Edinb.* 1751, *in-12. bas.*

138. P. Alcyonii Medicus legatus de exsilio. *Venetiis, in Ædib. Aldi*, 1522. = J. Portii de humana mente disputatio. *Florent.* 1551, *in-4. v. f.*

139. Rapport sur l'instruction publique fait en 1791, par M. de Talleyrand-Périgord. *Paris*, 1791, *in-4. cart.*

140. De l'Education considérée par rapport à la Politique, par Voss. *Halle*, 1799, 2 *vol. in-12. bas. en allemand.*

POLITIQUE.

Traités sur le Gouvernement, etc.

141. Eléments de la Politique, ou recherche des vrais principes de l'économie sociale. *Londres*, 1773, 6 *tom. en* 3 *vol. in-8. v. m.*

142. La science du Gouvernement, par de Réal. *Paris*, 1765, 8 *vol. in-4. v. m.*

143. Principes des Sciences politiques, commerciales et financières, par J. de Sonnenfels. *Vienne*, 1770, 3 *vol. in-12. dem. rel. en allemand.*

144. Leviathan, sive de materia, forma, etc. civitatis ecclesiast. et civilis, auct. Th. Hobbes. *Amst.* 1670, *in-4. v. b.*

tellier

Dabin

Lefevre

p.

138. Luch. am^t

139. ani.
140. C.

Dabin

chimot

143. C.

144. inr.

Mazoyer

Merlin

tellier

150. C.

151. C.

Merlin

mazoyer

thimot

cluel

145. La Verità senza velo circa il buon governo
dello stato d'un Sovrano. *In Verona*, 1737, *in-4.*
cart.
146. Le Contrat social, par J. J. Rousseau. *Paris*,
1795, *in-fol. dem. rel. dos de m.*

147. Recueil des Testamens politiques du cardinal
de Richelieu, de Colbert, etc. *Amst.* 1749, 4 *vol.*
in-12. v. m.

148. Lettres de Junius, trad. de l'angl. *Paris*,
1823, 2 *vol. in-8. dem. rel.*

149. Institution d'un Prince, par Duguet. *Lon-*
dres, 1750, 4 *vol. in-12. bas.*
150. Annus politicus, per duodecim discursus tum
critico-politicos, tum politico-historicos evolutus,
quibus explicantur principia principi regnum
auspicaturo necessaria, in usum Maximiliani
Josephi, utriusque Bavariæ Ducis, auct. I. F. X.
de Wilhelm. *Monachii*, 1732, 2 *vol. in-fol. fig.*
v. b.

151. Æneæ Sylvii libellus aulicorum miserias ex-
plicans. *Moguntiæ, J. Schoeffer*, 1517. = Ludus
ludentem Luderum ludens, quo Joan. Hasen-
bergius Bohemus in Bacchanalibus Lipsiæ,
omnes ludificantem ludionem omnibus lu-
dendum exhibuit anno 1530. *Lipsiæ*, 1530,
in-4. vél. fig. en bois. Rare.

152. L'Ambassadeur et ses fonctions, par de Wic-
quefort. *Amst.* 1730, 2 *vol. in-4. bas.*

153. Publicorum negotiorum, ab Romanorum
imperatore, univ. Europæ regibus, latina lingua
tractatorum sylloge, ed. J. C. Lunig. *Francof.*
1694, 2 *vol. in-4. bas.*

154. Des principes de l'Economie politique, et
de l'Impôt, par de Ricardo, trad. de l'ital. avec
des notes, par Say. *Paris*, 1819, 2 *vol. in-8.*
dem. rel.

155. Elémens de Statistique, par Meusel. *Leipzig*,

1804, *in-*8. = Bibliothéque statistique, par le même. *Leipzig,* 1790, 2 *vol. in-*8. *dem. rel. en allemand.*

1 - 50 156. L'Ami des Hommes, ou Traité de la population, par Mirabeau. *La Haye,* 1758, 6 *tom. en* 3 *vol. in-*12. *bas.*

8 - 50 157. Recherches sur la Population et sur la faculté d'accroissement de l'espèce humaine, par W. Godwin, trad. de l'angl. *Paris,* 1821, 2 *vol. in-*8. *dem. rel.*

8 - - 158. Recueil de Mémoires sur les établissemens d'humanité, trad. de l'angl. (par Duquesnoy.) *Paris, an* VII, (1799,) *in-*8. *br.* 30 *livraisons.*
Il manque le n° 1.

13 - 80 159. État des Prisons, des Hôpitaux et des Maisons de force, par J. Howard, trad. de l'angl. *Paris,* 1788, 2 *vol. in-*8. *fig. br.* = Histoire des principaux Lazarets de l'Europe, par le même, trad. de l'angl. *Paris,* 1801, *in-*8. *br.*

2 - 160. Recherches et Considérations sur les Finances de France, par Forbonnais. *Basle,* 1758, 2 *vol. in-*4. *v. m.*
161. Bibliothéque financière des Etats prussiens. *Francfort,* 1781, 2 *vol. in-*8. *dem. rel. en allem.*

8 - - 162. Dictionnaire universel du Commerce, par Savary. *Paris,* 1748, 3 *vol. in-fol. v. m.*

12 - - 163. Dictionnaire complet du Commerce. *Leipzig,* 1741, 5 *vol. in-fol. v. b. en allemand.*

2 - 50 164. Bibliothéque commerciale, par Peuchet. *Paris,* 1802, 3 *vol. in-*8. *br.* = Statistique élément. de la France, par le même. *Paris,* 1805, *in-*8. *br.*
165. La Clef du Commerce, par Desolneux. *Paris,* 1807, 2 *vol. in-*8. *dem. rel.* = Du Commerce maritime, par Xav. Audoin. *Paris, an* IX, (1801,) 2 *vol. in-*8. *v. rac.*

9 - - 166. Double relié en 3 volumes

159. inf.

163. inf.

p.

p.

Dabin

Rousseau

chuid

iden

p.

p.

Merlin

p.

p.   168. Bron.

Merlin

totellier   170. C.

                            171. C.

Malafait.

                            174. lur.

                            175. lur.

Malafait.

Métaphysique. Traités des Esprits, de la Magie, etc.

166. G. G. Leibnitii Tentamina Theodiceæ. *Francof.* 1719, *in-8. bas.* = Le même Ouvrage, en allem. *Hanovre*, 1763, *in-8. dem. rel.*

167. Essai philosophique concernant l'entendement humain, par Locke, trad. de l'angl. *Amst.* 1735, *in-4. vél.*

168. De l'Homme considéré moralement, de ses mœurs, et de celles des Animaux, par de La Métherie. *Paris*, 1802, 2 *vol. in-8. br.*

169. M. Pselli de operatione dæmonum dialogus, gr. et lat. cum not. G. Gaulmini. *Parisiis*, 1615, *in-8. vél.*

170. Recueil d'histoires remarquables, d'apparitions de Spectres, Esprits, etc. avec les preuves de l'existence réelle des Spectres. *Nuremberg*, 1753, *in-12. dem. rel. en allemand.*

171. Supplementum Celifodine, de exercitibus infernalibus ipsas sacratissimas indulgentias impugnantibus et de modo expugnandi eos, etc. *Erphordiæ*, *Wolfgangus Schenck*, 1504, *in-4. goth. dem. rel.*

172. Complementum artis exorcisticæ, auct. Z. Vice-Comite. *Venet.* 1619, *in-8. vél.* = P. F. Arpe de prodigiosis naturæ et artis operibus talismanos et amuleta dictis liber. *Hamburgi*, 1717, *in-8. dem. rel.*

173. J. Gaffarelli curiositates inauditæ. *Hamburgi*, 1678, 2 *tom. en* 1 *vol. in-12. fig. bas.*

174. Malleus Maleficarum, ex var. auctoribus compilatus. *Lugd.* 1669, 4 *tom. en* 1 *vol. in-4. vél.*

175. Practica compendiosa artis Raymundi Lulli. *Lugd.* 1523, *in-4. dem. rel.*

176. Trinum magicum, sive secretorum magicorum opus, editum a C. Longino. *Francof.* 1673,

in-12. *v. b.* = H. Rorarii quod animalia bruta
sæpe ratione utantur melius homine, lib. duo.
Helmst. 1728, *in*-4. *bas.*

177. Eclaircissemens sur la Magie, par Eckarts-
hausen. *Munich*, 1791, 4 *vol. in*-8. *dem. rel. en
allemand.*

178. Arte Magica annichilata, (da S. Maffei.) *In
Verona,* 1754, *in*-4. *dem. rel.*

Physique, etc.

179. Exposition des découvertes philosoph. de
Newton, par Maclaurin, trad. de l'angl. *Paris,*
1749, *in*-4. *fig. bas.* = Cours de Physique, par
Hartsoeker. *La Haye,* 1730, *in*-4. *fig. bas.*

180. Elementa Physices methodo mathematica
demonstrata, auct. W. G. Muys. *Amst.* 1711,
in-4. *vél.*

181. Elementa physicæ, a P. Van Musschenbroek.
Neap. 1751, 2 *vol. in*-8. *fig. cart.*

182. Leçons de physique expérimentale, par Nol-
let. *Paris,* 1764, 6 *vol. in*-12. *fig. v. m.*

183. Essai sur l'électricité, par de Lacépède. *Paris,*
1781, 2 *vol. in*-8. *v. m.*

184. Collegium experimentale, sive curiosum in
quo primaria hujus sæculi inventa et experi-
menta physico-mathem. exponuntur, auct. J. C.
Sturmio. *Norimbergæ,* 1676, *in*-4. *fig. v. b.* =
N. Molleri de indubio solis motu dissert. *Kiliæ,*
1734, *in*-4. *dem. rel.*

185. Physiologia Kircheriana experimentalis,
quam extraxit J. S. Kestlerus. *Amst.* 1680,
in-fol. fig. dem. rel.

186. Specula physico-mathemat.–historica nota-
bilium sciendorum, in qua mundi mirabilis
œconomia ostenditur, auct. J. Zahn. *Norimb.*
1696, 2 *tom. en* 1 *vol. in-fol. fig. v. b.* = Ejusd.

177. C. ef. ins.

178. C.

179. haub. m⁺y

180. haub. m⁺

Dabin

p·

184. haub. m⁺ 25 ͨ

Merlin

186. haub. p⁺   martin

p.

188. haub. am.t inst.

189. Bron.

Colas.

porquet.

p.

martin

Lefevre   il manque le tom. 8 en 2 parties.

195. Bron.
196. Bron.

Oculus artificialis, etc. *Norimb.* 1702, *in-fol. fig. vel.*

187. Essai d'employer les instrumens microsco-
piques avec utilité et plaisir, en allem. et en
franc. trad. par Harrepeter. *Nuremberg*, 1764,
in-fol. dem. rel. fig. color.

188. G. Schotti Opera varia. 5 *vol. in-4. vél.*
scilicet : Physica curiosa. *Herbipoli*, 1667, *fig.* =
Organum mathematicum, 1668. = Technica
curiosa, 1687, *fig.* = Magia optica, germanice.
Bamberg, 1671, *fig.* = Magia universalis naturæ
et artis. *Bambergæ*, 1677.

189. Ant. a Leeuwenhoek epistolæ physiologicæ
super compluribus naturæ arcanis. *Delphis*,
1719, *in-4. fig. dem. rel.*

Histoire naturelle.

190. C. Plinii Secundi Historia naturalis, curante
J. P. Millero. *Berolini*, 1766, 4 *vol. in-12. v. f.*

191. Histoire naturelle du Cabinet du Roi, par
de Buffon et D'Aubenton. *Paris, Imp. Roy.*
1749, 15 *vol. in-4. fig. v. m. et les tom.* 1, 2, 3,
du supplément, en tout 18 *vol.*

192. Dictionnaire d'Histoire naturelle, par Val-
mont de Bomare. *Paris*, 1775, 6 *vol. in-4. v. m.*

193. Elémens d'Histoire naturelle, par Millin.
Paris, 1802, *in-8. br.*

194. Le Spectacle de la Nature, par Pluche. *Paris,*
1749, 7 *vol. in-12. fig. v. m.* = Histoire du Ciel,
par le même. *Paris*, 1739, 2 *vol. in-12. fig. v. b.*

*Histoire naturelle des Elémens, des Métaux, Miné-
raux, etc.*

195. T. Burnetii Telluris theoria sacra. *Amst.*
1694, *in-4. fig. dem. rel.*

196. G. G. Leibnitii Protogæa, sive de prima facie
Telluris, etc. edente C. L. Scheidio. *Gottingæ*,
1749, *in-4. fig. dem. rel.*

B

197. Dissertationes de admirandis mundi catarac-
tis, auct. J. Herbinio. *Amst.* 1678, *in-4. fig. v. b.*

198. Thermarum Aquisgranensium et Porcetana-
rum elucidatio, auct. F. Blondel. *Aquisgrani,*
1688, *in-4. fig. v. b.*

199. Mineralogia, sive natur. philosophiæ thesaurus, auct. R. Cæsio. *Lugd.* 1636, *in-fol. vél.*

200. Ath. Kircheri Mundus subterraneus. *Amst.*
1678, 2 *vol. in-fol. fig. bas.*

201. Ath. Kircheri Magnes, sive de arte magnetica
opus. *Romæ,* 1654, *in-fol. fig. vél.*

202. Ath. Kircheri magneticum naturæ regnum.
Romæ, 1667, *in-4. vél.*

203. Marbodæus de gemmarum lapidumque præ-
tiosorum formis. *Colōniæ,* 1539, *in-8. v. f.*

204. J. J. Scheuchzeri herbarium diluvianum.
Lugd. Bat. 1723, *in-fol. fig. br.*

205. Recherches sur les ossemens fossiles des qua-
drupèdes, par M. Cuvier. *Paris,* 1812, 4 *vol.*
in-4. fig. v. rac.

206. De corporibus marinis lapidescentibus quæ
defossa reperiuntur, auct. A. Scilla. *Romæ,* 1759,
in-4. v. m. fig. color.

Agriculture et Botanique, etc.

207. Siculi Flacci, Jul. Frontini, Aggeni Urbici, de
agrorum conditionibus, et constitutionibus li-
mitum libri. *Parisiis,* 1554, *fig.* = Meditationes
in librum primum Iliados Homeri, auct. N. Gi-
rardo. *Parisiis,* 1566, *in-4. vél.*

208. Dictionnaire économique, par Chomel, avec
le supplément. *Paris,* 1740 *et* 1743, 4 *vol.*
in-fol. v. m.

209. Culture des plantes, par A. Munting, en
hollandois. *Amst.* 1682, *in-4. v. b. fig. color.*

210. Le Cultivateur anglois, ou Œuvres choisies

Lefevre.

Le Signe

Merlin

idem

Mr huzard.

Lebigre

205. byron.

207. ins.

Lebigre

Mr huzard.

Merlin

212. Byron. C.

m. huzard.

Martin

Lefevre.

Meilhac

p.

Lefevre.

idem

222. Mal.
plusieurs volumes tachés &
pourritur

d'agriculture, d'Art. Young, trad. de l'anglois. *Paris*, 1800, 18 *vol. in-8. fig. dem. rel.*

211. Traité des arbres et arbustes qui se cultivent en France en pleine terre, par Duhamel du Monceau. *Paris*, 1755, 2 *vol. in-4. fig. v. m.* — 25-95.

212. Mémoires sur la culture et l'amélioration des forêts, par Carlowitz. *Leipzig*, 1713, *in-fol. vél. en allemand.* — 10-95. ♂.

213. Pomologia, ou descriptions et représentations des meilleurs espèces de pommes et de poires cultivées en Hollande, en France, en Allemagne, etc. par Knoop, trad. du hollandois par Huth. *Nuremberg*, 1760, *in-fol. bas. fig. color. en allemand.* — 5-10.

214. Hespérides, sive de malorum aureorum cultura et usu, libri quatuor J. B. Ferrarii. *Romæ*, 1646, *in-fol. fig. v. b.* — 4.

215. Annales d'agriculture, publiées par A. Thaer, depuis le mois de juillet 1807, jusqu'au mois de décembre 1809. *Berlin*, 1809, 23 *cahiers in-12. br. en allemand.*

216. Élémens de botanique, par Pitton de Tournefort, publiés par Jolyclerc. *Lyon*, 1797, 6 *vol. in-8. fig. br.* — 8. 40.

217. Esquisses hist. et biographiques des progrès de la botanique en Angleterre, par R. Pulteney, trad. de l'angl. *Paris*, 1809, 2 *vol. in-8. dem. rel.* — 1. 50.

218. Herbarum vivæ icones, auct. O. Brunfelsio. *Argent.* 1530, *in-fol. fig. v. b.*

219. De historia stirpium comment. auct. L. Fuchsio. *Basil.* 1542, *in-fol. fig. vél.* — 4-20.

220. J. Jonstoni hist. nat. de arboribus et plantis lib. x. *Heilbronnæ*, 1768, *in-fol. fig. dem. rel.* — 2-75.

221. A. Muntingii phytographia curiosa. *Lugd. Bat.* 1711, *in-fol. fig. v. b.* — 3. 45.

222. Phytantoza iconographia, sive conspectus — 51. 50. ♂.

aliquot millium plantarum, etc. à. J. G. Wein-
manno collectarum, cum explicat. J. G. N. Die-
terici, german. et lat. *Ratisbonæ,* 1737, 4 *vol.
in-fol. cart. fig. color.*

223. Nomenclature complète des figures de la
Description des plantes qui portent des fleurs,
par J. G. Weinmann et J. Burman, en hollandois. *Amst.* 1739, 4 *vol. in-fol. dem. rel. dos de m.*

224. Traité des Champignons, par Paulet. *Paris,*
1793, 2 *vol. in-4. cart. et les liv.* 1 *et* 2 *des
planches color.*

225. Hortus sanitatis, sive tractatus de herbis,
plantis, animalibus, etc. *Moguntiæ,* 1491,
in-fol. goth. v. b. fig. en bois coloriées.
Il y manque le feuillet du titre.

226. A Decade of curious and elegant plants, and
trees, received from the East Indies and America,
by J. Hill. *London,* 1773, *in-fol. max. dem. rel.
fig. color.*

227. Hortus Cliffortianus, plantas exhibens quæ in
hoc horto coluntur, auct. C. Linnæo. *Amst.*
1737, *in-fol. fig. dem. rel.*

228. C. Linnæi Musa Cliffortiana florens Harte-
campi, 1736, prope Harlemum. *Lugd. Bat.* 1736,
in-4. fig. color. Pap. de Holl.

229. Hortus Elthamensis, seu plantarum rario-
rum hujusce horti descriptiones, auct. J. J. Dil-
lenio. *Londini,* 1732, 2 *tomes en* 1 *vol. in-fol.
fig. dem. rel.*

Histoire naturelle des animaux, des insectes, etc.

230. Tableau élém. de l'Histoire des Animaux,
par Cuvier. *Paris, an* vi, (1798,) *in-8. dem. rel.* =
Expériences pour servir à l'Hist. de la génération
des animaux et des plantes, par Spallanzani,
publ. par Senebier. *Genève,* 1785, *in-8. fig.
dem. rel.*

226. of.

228. Luch. h+

230. of.

Le fevre.

m huzard.

colas.

martin.

meilhac

meilhac

Colas.

Idem

Meilhac

Colas.

Meilhac

aillard.   237. Byron.

                            238. of.

Le Comte

martin

Decoration.   il marque le titre

Colas.

231. Histoire naturelle des animaux, de C. Gesner, *3 . 25 .*
trad. en allemand, par C. Forer. *Francfort,* 1669,
in-fol. fig. vél.

232. Historia naturalis de quadrupedibus, auct. *6 . 85 .*
J. Jonstono. *Amst.* 1657, 2 *vol. in-fol. fig. v. b.*

233. Recreatio mentis et oculi in observatione ani- *9 . 95*
malium testaceorum, auct. P. Bonanno. *Romæ,*
1684, *in-4. fig. v. m.* = F. C. Lessers testaceo-
theologia, german. *Leipzig,* 1744, *in-8. fig.*
dem. rel.

234. G. E. Rumphii Thesaurus imaginum piscium, *6 . 95 .*
testaceorum, etc. *Lugd. Bat.* 1711, *in-fol. fig. v. b.*

235. Insectorum sive minimorum animalium theatrum, auct. T. Moufeto. *Lond.* 1634, *in-fol.*
fig. v. b.
7 . 95 .
236. Metamorphosis et Hist. nat. insectorum, auct.
J. Goedartio. *Medioburgi,* 3 *part. en* 1 *vol. in-*12.
cart. fig. color.

237. J. Swammerdamii Biblia naturæ, sive his- *32 .*
toria insectorum, holland. et latine. *Leydæ,*
1737, 2 *vol. in-fol. fig. vél.*

238. A Decade of curious insects schewn in their *5 - 95 -*
natural size, etc. by J. Hill. *London,* 1773, *in-*4.
br. fig. color.

239. Traité complet sur les abeilles, par Della *2 .*
Rocca. *Paris,* 1790, 3 *vol. in-*8. *br.*

240. Erucarum ortus, alimentum, etc. per M. S.
Merian. *Amst. in-*4. *fig. v. j.*
10 .
241. Insectes d'Europe peints d'après nature, par
Ernst, et décrits par Engramelle. *Paris, in-*4.
dem. rel. fig. color. les tomes 1 *et* 2.

242. Metamorphosis insectorum Surinamensium, *2 - 35 -*
per Mariam Sibyllam Merian. *Amst. in-fol. fig.*
dem. rel.
Il y manque le titre.

243. Papillons exotiques de l'Asie, de l'Afrique *10 - 50 .*

et de l'Amérique, par P. Cramer. *Amsterd.* 1775, *les cah.* 1, 4 à 9, 11 et 12, *in-4. br. fig. color.*

Histoire naturelle de différens pays, et Mélanges, etc.

244. Les Observations de plusieurs singularités trouvées en Grèce, Asie, etc. par P. Belon. *Paris,* 1588, *in-4. fig. vél.*

245. Description du Danube, par L. F. de Marsigli, trad. du lat. *La Haye,* 1744, 6 *vol. in-fol. max. fig. dem. rel.*

246. Opere di Fr. Redi. *In Venezia,* 1712, 4 *vol. in-8. fig. v. j.*

247. Mémoires sur différentes parties des sciences et arts, par Guettard. *Paris,* 1768, 3 *vol. in-4. fig. dem. rel.*

248. De spontaneo viventium ortu lib. iv. auct. F. Liceto. *Vicentiæ,* 1618, *in-fol. dem. rel.*

249. T. Bartholini de Luce hominum et brutorum lib. iii, et Conr. Gesneri de Lunariis comment. *Hafniæ,* 1669, *in-12. vél.* = Fortunii Liceti de vita lib. tres. *Genevæ,* 1607, *in-4. bas.*

250. Julii Obsequentis quæ supersunt ex lib. de prodigiis, cum not. var. curante J. Kappio. *Curiæ Regnit.* 1772, *in-8. v. f.*

251. Romani collegii Soc. Jesu Museum, A. Kircherus novis inventis locupletatum instruxit, ed. G. de Sepibus. *Amst.* 1678, *in-fol. fig. dem. rel.*

252. Museum Kircherianum, descriptum a P. P. Bonanni. *Romæ,* 1709, *in-fol. fig. v. b.*

253. Museum Richterianum, continens fossilia animalia vegetabilia marina illustr. à J. E. Hebenstreitio. *Lipsiæ,* 1743, *in-fol. fig. dem. rel.*

254. Locupletissimi rerum naturalium thesauri accurata descriptio, auct. A. Seba. *Amst.* 1734, 4 *vol. in-fol. max. fig. v. m.*

255. Museum Regiæ Societatis, or a catalogue and

244. luf.   avec Deux cartes

                                        Rouncans

246. Bron.

                                        Clard

                                        Colas.

                                        Crozet.

                                        Merlin

                                        Colas.

254. Bron.   Meilhac

                                        idem

p.

p.

parquet

p

imp. d'un feuillu—

258. luy..

261. luy.

martin

cluid

Colas.

idem

n° chazard.

description of the nat. and artif. rarities belon-
ging to the Roy. Society, and preserved at Gres-
ham Colledge, by N. Grew. *London,* 1681, *in-fol.
fig. v. b.*

MÉDECINE.

Médecins anciens et modernes, etc.

256. Essai d'une Histoire pragmatique de la Mé-
decine, par Sprengel, trad. de l'allem. *Paris,*
1809, 2 *vol. in-*8. *dem. rel.*

257. Jacobi de Forlivio super afforismis Hyppo-
cratis lib. *Venetiis, L. A. Giunta,* 1522, *in-fol.
goth. dem. rel.*

258. Traduction des ouvrages de Celse sur la Mé-
decine, par Ninnin. *Paris,* 1753, 2 *vol. in-*12. *v. m.*

259. Tractatus varii de morbis. *In-fol. rel. en bois.*
Mss. sur papier, du xvie siecle.

260. Ortus Medicinæ, id est initia physicæ inauditæ, auct. J. B. Van Helmont. *Amst. L. Elzevir.*
1652, *in-*4. *vél.* = Medicina mentis, sive ars
inveniendi præcepta generalia. *Lipsiæ,* 1695,
*in-*4. *bas.*

261. OEuvres physiologiques de Le Cat. *Paris,*
1767, 3 *vol. in-*8. *fig. v. m.*

262. Bibliothéque germanique médico-chirurgi-
cale, par Brewer. *Paris, an* VII, (1799,) 8 *vol.
in-*8. *v. r.*

263. And. Vesalii Opera omnia anatomica et chirur-
gica, cura Her. Boerhaave. *Lugd. Bat.* 1725,
2 *vol. in-fol. fig. dem. rel.*

264. G. Bidloo anatomia humani corporis, tabulis
per G. Lairesse delineatis, demonstrata. *Amst.*
1685, *in-fol. fig. vél. Ch. Mag.*

265. Traité d'ostéologie, trad. de l'angl. de Monro,
par Sue. *Paris,* 1759, 2 *vol. gr. in-fol. fig. cart.*

266. Manuel de l'art vétérinaire, par B. Lau-
bender. *Erfort,* 1803, 4 *vol. in-*8. *cart. en allemand.*

2 - - 267. Dictionnaire de chimie, par Macquer. *Paris*, 1778, 2 *vol. in-* 4. *v. m.*

13-95 268. Traité de chimie élémentaire, théorique et pratique, par Thenard. *Paris*, 1821, 4 *vol. in-8. dem. rel.*

3 - - 269. Pretiosa margarita, novella de thesauro ac pretiosiss. philosophorum lapide, per Janum Lacinium edita. *Venetiis, Aldi filii*, 1546, *in-8. m. r.*

4 - 60 270. Escalier des sages, où la philosophie des anciens. *Groningue*, 1689, *in-fol. fig. v. b.*

Mathématiques, etc.

4 - 80 271. Euclidis Data, gr. et lat. curante C. Hardy. *Lut. Paris.* 1625, *in-4. vél.*

272. Jamblichus Chalcidensis in Nicomachi arithmeticam introductionem et de fato, gr. et lat. ex vers. S. Tennulii. *Arnhemiæ*, 1668, *in-4. vél.*

2 - - 273. Discursus et demonstrationes mathematicæ Galilæi Galilæi. *Lugd. Bat.* 1699, *in-4. fig. vél.*

1 - 70 274. F. Schooten exercitationes mathematicæ. *Lugd. Bat. J. Elzevirius*, 1657, *in-4. vél.* = Analyse et tableau de l'influence de la petite vérole, sur la mortalité à chaque âge, etc. par Duvillard. *Paris*, 1806, *in-4. dem. rel.*

3 - 50 275. P. Casp. Schotti Cursus mathematicus. *Herbipoli*, 1661, *in-fol. fig. vél.*

4 - 50 276. C. F. Milliet Dechales cursus, seu mundus mathematicus. *Lugduni*, 1674, 3 *vol. in-fol. fig. v. b.*

1 - 55 277. Élémens d'algèbre, par Lambert. *Cologne*, 1812, *in-8. m. r.*

4 - - 278. Traité des fluxions, par Maclaurin, trad. de l'anglois. *Paris*, 1749, 2 *vol. in-4. fig. dem. rel.*

2 - 60 279. Mécanique philosophique, ou analyse raisonnée de la science de l'équilibre, etc. par Prony. *Paris, an* VIII, (1800,) *in-4. cart.*

268. then. iuf.

269. C.

274. haub. a^t y

275. haub. m^t y. iuf.
276. haub. p^t y

278. haub. h^t y
279. haub. m^t y

clud

Datin

Merlin
p

clud.

Meithac

truchy

Merlin

chinot.

Colas.   282. hanb. m+y
                                283. hanb. am+ luf.
                                284. hanb. h+y

Martin

                                286. duch. iz+axz+ C,

p.

parquet
truchy

Merlin   290. hanb. p+yS C.

p.

p.

malofait.

280. Architecture hydraulique, par Belidor. *Paris,*   44.
1737, 4 *vol. in-4. fig. bas.*

Astronomie. Optique, etc.

281. Histoire de l'Astronomie ancienne, par Bailly.   1 . 50.
Paris, 1775, *in-4. fig. dem. rel.*

282. Epytoma Joannis de Monte Regio in alma-   2 . 65.
gestum Ptolemei. *Venetiis,* 1599, *in-fol. fig. m. b.*

283. Astronomie, par Delalande. *Paris,* 1771,   15 --
4 *vol. in-4. fig. dem. rel.*

284. Exposition du système du Monde, par La-   4 . 50
place. *Paris, an* iv, (1796,) 2 *tom. en* 1 *vol. in-8.*
dem. rel.

285. St. de Lubienictz Lubieniecii theatrum co-   6 .
meticum. *Amst.* 1668, 2 *vol. in-fol. v. b. fig.*
coloriées.

286. Censorinus de Die natali, Cebetis tabula, etc.   23 - 95
Bononiæ, 1493. = Pomponius Mela, de Situ or-
bis, 1512. = Pomponius Lætus de Romanæ urbis
vetustate. *Romæ,* 1515. = Specimen artis mne-
monicæ, auct. J. T. Dieterich. *Gissæ Hessorum,*
1653, *in-4. vél.*

287. Censorini liber de Die natali, cum not. var.   4 . 5.
Lugd. Batav. 1743, *in-8. bas.*

288. Essai sur la Physiognomonie, par J. G. Lava-   60.
ter. *La Haye,* (1781,) 4 *vol. gr. in-4. fig. cart.*

289. Histoire de la mesure du Temps par les hor-   17.
loges, par F. Berthoud. *Paris,* 1802, 2 *vol. in-4.*
fig. cart.

290. A. Kircheri ars magna lucis et umbræ. *Amst.*   4 .
1671, *in-fol. fig. vél.*

291. F. Aguilonii opticorum lib. sex. *Antuerp.*   2 - 50 .
1613, *in-fol. fig. cart.*

292. Cours complet d'Optique, par R. Smith,   3 .
trad. de l'angl. *Paris,* 1767, *in-4. fig. dem. rel.*

293. A. Thysii Historia navalis, sive celeberrima   1 . 50
præliorum descriptio. *Lugd. Bat.* 1657, *in-4. vél.*

2 - 50 294. Marine militaire, ou Recueil des différens vaisseaux qui servent à la guerre, par Ozanne, avec un texte gravé. *In-4. fig. br.* = Dictionnaire de marine. *Amst.* 1702, *in-4. fig. vél.*

7 . 50 295. Elémens de l'Architecture navale, par Duhamel du Monceau. *Paris*, 1758, *in-4. fig. dem. rel.*

Musique.

8 - 25 296. A. Kircheri musurgia universalis, sive ars magna consoni et dissoni. *Romæ*, 1650, 2 *tom. en* 1 *vol. in-fol. fig. vél.*

6 . 95 297. Tentamen novæ theoriæ musicæ, auct. L. Eulero. *Petropoli*, 1739, *in-4. vél.*

298. Trattato di musica secondo la scienza dell' armonia. *In Padova*, 1754, *in-4. dem. rel.* = L'armonico pratico al cimbalo, di F. Gasparini. *In Venezia*, 1745, *in-4. dem. rel.*

299. Exposition de la théorie et de la pratique de la Musique, par de Bethizy. *Paris*, 1754, *in-8. fig. m. r.*

6 . 95 300. Méthode de chant du Conservatoire de musique. *Paris, an* XII, (1804,) *in-fol. br.*

34 - - - 301. Musique pour différens instrumens, imprimée et manuscrite, qui sera détaillée.

6 - - - 302. OEdipe à Colone, opéra mis en musique, par Sacchini, 2e édit. *Paris*, *in-fol. br.*

13 - 10 303. La Gazza Ladra, opera del maestro Rossini. *Paris*, *in-fol. br.*

13 . 95 304. Otello, opera seria del maestro Rossini. *Paris*, *in-fol. br.*

16 . 50 305. Fidelio, drame lyrique, mis en musique par Van Beethoven. *Paris*, *in-fol. br.*

29 . 95 306. Collection de quintetti et quatuors, composés par Fesca. *Paris*, 5 *part. in-fol. br.*

295. liv.

298. C.

900 ~~de crible~~

Verdun en lir cots.

p

guillemott

Colas.

Martin
truchy
idem
idem
Devieque

Boulanger

Letellier

pierre

307. Boes.

311. lef. *
312. of.

Bertrand

Mercier

316. eme. p^t g5 c. of

ARTS.

Traités des Sciences, des Arts libéraux, etc.

307. Encyclopédie, ou Dictionnaire des Sciences, des Arts, etc. par Diderot et d'Alembert. *Paris,* 1751, 35 *vol. in-fol. fig. v. m. édition de Paris.*

308. Dictionnaire général des Arts et des Sciences, par Jablonski. *Kœnigsberg,* 1748, *in-4. bas. en allemand.*

309. Dictionnaire de l'Industrie, ou Collection raisonnée des procédés utiles dans les Sciences et dans les Arts. *Paris, an* IX, 6 *vol. in-8. dem. rel.*

310. Recueil de quelques Traités extraits de la nouvelle Bibliothéque des beaux arts, par Garve. *Leipzig,* 1802, 2 *vol. in-12. br. en allemand.*

311. Théorie générale des beaux arts, par Sulzer. *Leipzig,* 1771, 2 *vol. in-4. dem. rel. en allemand.*

312. Essai sur la Nature, le but et les moyens de l'Imitation dans les beaux arts, par Quatremere de Quincy. *Paris,* 1823, *in-8. br.*

313. Trithemii steganographia, edente W. E. Heidel. *Norimb.* 1721, *in-4. bas.*

314. Mysterium artis steganographicæ, édit. in lucem ex mus. L. H. Hilleri. *Ulmæ,* 1682, *in-12. dem. rel.*

Arts de la Peinture, Sculpture, etc.

315. Dictionnaire des arts de Peinture, Sculpture, etc. par Watelet. *Paris,* 1792, 5 *vol. in-8. br.*

316. Discours hist. sur la peinture moderne, par M. Émeric David. *Paris,* 1812, *in-8. dem. rel.*

317. Idée de la perfection de la Peinture, démontrée par les principes de l'Art, etc. par Roland Fréart sieur de Chambray. *Au Mans, de l'imprimerie de J. Ysambart,* 1662, *in-4. vél.*

Manuscrit sur papier; l'épitre dédicatoire au duc d'Orléans frère de Louis XIV, est signée : Fréart de Chambray.

318. Le grand livre des Peintres, par G. de Lairesse, en hollandois. *Amst.* 1707, 2 *tom. en* 1 *vol. in-4. fig. v. b.*

319. Principes raisonnés du Paysage, par Mandevare. *Paris,* 1804, *in-fol. fig. en cahiers, les liv.* 1 *à* 5.

320. Galerie des peintres, ou Collection de portraits, Biographies et Dessins des peintres les plus célèbres de toutes les écoles, par MM. Chabert et Franquinet. *Paris,* 1822, *in-fol. les liv.* 1 *à* 13, *en cahiers.*

321. D. Teniers theatrum pictorium, in quo exhibentur ipsiis manu delineatæ picturæ, etc. *Antuerp.* 1684, *in-fol. fig. v. b.*

322. Recueil d'Estampes dans un grand portefeuille. Elles seront détaillées.

323. Recueil d'Estampes relatives au Manuel d'éducation par Basedow. *Berlin,* 1770, 2 *vol. in-4. fig. dem. rel. en allemand.*

324. Recueil de Chevaux de tous genres dessinés par Carle et Horace Vernet, et gravés par Levachez. *Paris, in-fol. obl. cart. fig. color. Pap. Vél.*

325. Collection de 20 portraits pour les lettres de madame de Sévigné. *Paris,* 1818, *in-8. br.*

326. Omnium pene Europæ, Asiæ, Africæ, atque Americæ gentium habitus, per A. de Bruyn. 1581, *in-fol. fig. vél.*

327. Catalogue raisonné des tableaux du Roi, par Lépicié. *Paris, Imp. Roy.* 1752, 2 *vol. in-4. v. f.*

328. Recherches sur l'art Statuaire, considéré chez les anciens et chez les modernes, par M. Émeric David. *Paris,* 1805, *in-8. dem. rel. Pap. Vél.*

329. Cabinet de l'Art de sculpture de Van Bossuit, exécuté en ivoire, etc. *Amst.* 1727, *in-4. fig. v. b.*

326. goe. ait

328. eme. b+

329. goe. am+
    10 pieces.

p.

Colas.

Defer

Normcano

gab - Waries.

Colas.

g. Waries

p.

Colas.

fayolle

idem

Colas.

auvray.

idem

Durand.

idem

malafait.

Martin

chimot.

Merlin

Defflorenne

Architecture.

330. Les dix Livres d'Architecture de Vitruve, trad. par C. Perrault. *Paris*, 1684, *in-fol. fig. v. b.*

331. Architecture de Philibert de l'Orme. *Paris*, 1626, *in-fol. fig. v. b.*

332. OEuvres d'Architecture d'Ant. Le Pautre. *Paris, in-fol. fig. v. b.*

333. Recueil de plans de villes, maisons, forteresses, cartes, etc. des différentes villes de l'Europe. *Huit portefeuilles in-fol. max.*
Ce recueil pourra se diviser à la vente.

334. Il nuovo splendore delle fabriche di Roma moderna, da M. G. Rossi. *Roma*, 1686, *4 part. en 1 vol. in-fol. obl. fig. vél.*

335. Les plus beaux Édifices de Rome moderne, par J. Barbault. *Romè*, 1763, *in-fol. fig. dem. rel.*

336. Il gran Teatro di Venezia. 2 *vol. in-fol. max. fig. v. m.*

337. Basilica Carolina Manhemii ædificata, anno 1753. *In-fol. fig. bas.*

Art militaire, etc.

338. Fl. Vegetii de re militari lib. v, cum vers. gallica N. Schwebelii. *Norim.* 1767, *in-4. fig. v. f.*

339. S. Julii Frontini lib. iv strategematicon, cum not. var. curante F. Oudendorpio. *Lugd. Bat.* 1731, *in-8. bas.*

340. Mémoires du marquis de Feuquières. *Paris*, 1750, 4 *vol. in-12. fig. v. m.*

341. Le Guide des officiers particuliers en campagne, par de Cessac. *Paris*, 1785, 2 *vol. in-8. v. éc.*

342. Recherches sur les meilleurs effets à obtenir dans l'Artillerie, par le comte Lamartillière. *Paris*, 1811, 2 *vol. in-8. fig. v. rac.*

343. Campagnes du maréchal de Villars en Allemagne, en 1703. *Amst.* 1762, 3 *vol. in-*12. *fig.
bas.* = Campagne du maréchal de Marsin, en Allemagne, en 1704. *Amst.* 1762, 2 *vol. in-*12. *bas.*

344. Théâtre de la guerre en Allemagne, en 13
cartes, col. dans deux étuis.

345. Détail de la présente guerre, ou hist. de la
guerre entre la France et la Grande-Bretagne en
Allemagne, par le comte de Bunau. *Ratisbonne,*
4 *vol. in-fol. fig. dem. rel.*

346. Campagnes du maréchal de Coigny, en Allemagne, en 1743 et 1744. *Amst.* 1761, 8 *vol.
in-*12. *fig. v. m.*

347. L'Art du manége, par de Sind. *Bonn, in-*4.
dem. rel. = Ecole de cavalerie, par de la Gueri-
nière. *Paris,* 1736, 2 *vol. in-*8. *fig. v. m.*

348. Le Nouveau parfait Maréchal, par F. A. de
Garsault. *Paris,* 1770, *in-*4. *fig. v. m.*

349. Le parfait Chasseur allemand, par J. F. de
Fleming. *Leipzig,* 1719, *in-fol. fig. vél. en allemand.*

35o. L'Art du Tour, par J. M. Teuber. *Ratisbonne,*
1740, *in-*4. *fig. vél. en allemand.*

BELLES-LETTRES.

Principes de Littérature, etc.

351. Traité des Etudes, par Rollin. *Paris,* 1765,
4 *vol. in-*12. *v. m.*

352. Cours d'Etude pour l'instruction du prince
de Parme, (par de Condillac.) *Parme,* 1775,
16 *vol. in-*8. *v. éc.*

353. Nouveau Supplément au Cours de Littérature de La Harpe. *Paris,* 1818, *in-*8. *dem. rel.*
354. Cours de Rhétorique et de Belles-Lettres, par

p.

chinot.

idem

avec la prusse Littéraire sous frédéric II,   ancien et pochard.

2 vol. in 8. doublé de n°

                                                     m^c huzard.

                                                     ancien et poché

                                                     m^c huzard.

                                                     merlin

749. Byron, C.

                                                     chinot

                                                     p

                                                     melle hodot

p.

p.

Dalin

m^lle Hodot

la même

la même

la même

p.

Chinot.

365. liv.

Hugues Blair, trad. de l'angl. *Genève*, 1808, 4 *vol. in-8. dem. rel.*

355. De la Littérature considérée dans ses rap- *2*
ports avec les institutions sociales, par madame
de Staël. *Paris, an* IX, (1801,) *2 tomes en 1 vol. in-8. dem. rel.*

356. Elémens de Grammaire générale appliquée *3.*
à la langue française, par Sicard. *Paris*, 1801,
2 *vol. in-8. dem. rel.*

Grammaires et Dictionnaires des langues orientáles, grecque, etc.

357. A. Calepini Dictionarium octolingue. *Lugd.* *5 - 60.*
1647, *in-fol. vél.*

358. C. Cappelli Diatriba de veris et antiq. Ebræo- *1 - 50.*
rum litteris. *Amst. L. Elzevirius*, 1645, *in-12. vél.*
= Fintani Linderi opus grammaticum ebræum.
Ulmæ, 1756, *in-12. cart.*

359. J. Buxtorfi Manuale hebraicum et chaldai- *1.*
cum. *Basil.* 1658, *in-12. vél.* = W. Schickhardi
horologium ebreum. *Tubingæ*, 1654, *in-12. vél.*

360. J. Cocceii Lexicon et Comment. sermonis *2 - 50.*
hebraici et chaldaici, curante J. H. Maio. *Francof.* 1714, *in-fol. v. b.*

361. Lexicon chaldaicum et syriacum, auctore *2 -*
J. Buxtorfio jun. *Basileæ*, 1622, *in-4. vél.*

362. Theodori Gazæ liber primus de rudimentis
græcarum litterarum, gr. *Tubingæ*, *in-8.* = *2 - 60.*
Progymnasmata græcæ litterat. ab Ottomaro
Luscinio. *Argentor.* 1521, *in-8. v. b.*

363. C. Schrevelii Lexicon manuale græco-lat.
Dresdæ, 1762, *in-8. bas.*

364. Dictionnaire grec et allemand, par Wöllstan- *4 - 50.*
dig. *Leipzig*, 1796, 2 *vol. in-8. dem. rel.*

365. Dictionarium latino-gallicum, et gallico-lat. *5 - - 9.*
Parisiis, Rob. Stephanus, 1538 *et* 1549, 2 *vol. in-fol. v. f.*

366. R. Stephani thesaurus linguæ latinæ. *Basil.* 1740, 4 *vol. in-fol. dem. rel.*

367. Lexicon Ciceronianum M. Nizolii. *Patavii,* 1734, *in-fol. v. b.*

368. C. Dufresne Dom. Du Cange Glossarium ad scriptores mediæ et infimæ latinitatis. *Francof. ad Mœn.* 1710, 3 *vol. in-fol. v. b.*

369. Glossarium novum, seu supplementum ad Glossarii Cangiani editionem, auct. P. Carpentier. *Parisiis,* 1766, 4 *vol. in-fol. dem. rel.*

Grammaires et Dictionnaires des langues française, etc.

370. Dictionnaire de l'Académie Française. *Paris,* 1811, 2 *vol. in-4. bas.*

371. Dictionnaire universel de tous les mots français, par A. Furetière. *La Haye,* 1727, 4 *vol. in-fol. v. b.*

372. Dictionnaire universel franç. lat. appellé de Trévoux. *Paris,* 1752, 7 *vol. in-fol. v. m.*

373. Discours préliminaire du Nouveau Dictionnaire de la langue française, par de Rivarol. *Paris,* 1797, *in-4. br.*

374. Dictionnaire comique, satyrique, etc. par Leroux. *Pampelune,* 1786, 2 *vol. in-8. bas.*

375. Dictionnaire françois anglois, et angl. franç. par Boyer. *Paris,* 1802, 2 *vol. in-8. br.*

376. Vocabolario degli Academici della Crusca. *In Napoli,* 1746, 6 *vol. in-fol. dem. rel.*

377. Il grande Dittionario italiano et hollandese, et hollandese et italiano, da Mose Giron. *Amst.* 1710, 2 *vol. in-4. v. b.*

378. Dictionnaire espagnol et français, et français-espagnol, par Cormon. *Lyon,* 1803, 2 *vol. in-8. dem. rel.*

379. Vocabularius qui intitulatur Teuthonista, contextus a Gherhardo Schueren. *Coloniæ, Ar-*

Mlle Bodot

Merlin

Mlle Bodot

69. Luth. n2⁺   revendu imparfait d'une planche ~~Porquet~~
                                                      Colas.

370. Byron.

Dabin

tellier

Simonet

tellier

merlin

Labitte

p.

p.

tilliard.

Simonet.   380. lus.

aillard

tellier

idem

idem

aillaud

388. Letr. grep. xt

Dabin

f.

mlle Dodot

chinet

noldus ther Hoernen, 1477, *in-fol. goth. dem. rel.*
Ouvrage très Rare.

380. C. G. Haltaus Glossarium germanicum medii
ævi. *Lipsiæ*, 1758, 2 *tomes en* 1 *vol. in-fol. bas.*   *35.*

381. Dictionarium germanico-latinum, auct. P.
Aler. *Colon.* 1727, 2 *vol. in-8. bas.*
382. Dictionnaire grammatical et critique de la
langue allemande. *Leipzig,* 1774, *les tomes* 1 *à*
4, *in-4. dem. rel. en allemand.*   *25.*

383. Nouveau Dictionnaire de la langue allemande
et française, et française et allemande, par C. F.
Schwan. *Manheim*, 1787, 4 *vol. in-4. bas.*   *15 - 95*

384. Dictionnaire allemand-français, et français-
allemand, à l'usage des deux nations, par La-
veaux. *Cologne*, 1800, 4 *tomes en* 3 *vol. in-8. bas.*   *6 - 95.*

385. Il gran Dittionario tudesco italiano, di M. Cra-
mero. *Norimb.* 1700, 3 *vol. in-4. bas.*   *6 - 25*

386. Synonymes anglais, ou Différence entre les
mots réputés synonymes de la langue anglaise,
en angl. et en franç. *Paris,* 1803, 2 *vol. in-8.*
dem. rel.
387. Phraseologia anglo-germanica, by F. W.
Haussner. *Strasburgh*, 1798, *in-8. br.*   *5.*

Rhéteurs et Orateurs grecs, latins, etc.

388. Theonis Sophistæ progymnasmata, gr. et lat.
Lugd. Bat. 1626, *in-8. vél.*   *6 - 60 &*

389. Isocratis Opera, gr. et lat. ex interpret. H.
Wolfii. *Basil.* 1613, *in-8. vél.*   *1 - 95*

390. M. F. Quinctiliani de Institutione oratoriâ
libri duodecim, edente P. Burmanno. *Patavii,*
1736, 2 *vol. in-12. v. f.*   *3.*

391. M. T. Ciceronis Opera, edente J. Gronovio.
Lugd. Batav. 1692, 4 *vol. in-4. v. éc.*   *11 - 5*

392. M. T. Ciceronis Epistolæ familiares, cum com-   *2.*

ment. Hubert. Crescentinatis. *Mediolani., 1495, in-fol. v. b.*

Le premier et le dernier feuillets sont gâtés.

393. M. Tull. Ciceronis Epistolæ ad Atticum. *Venet. Paul. Manutius, 1540, in-8. v. f.* = Ejusd. Opera philosophica. *Venet. P. Manutius, 1541, 3 vol. in-8. v. f.*

394. Epitres de Cicéron, traduites en allemand par Wieland. *Zurich, 1808, 6 vol. in-8. br. en allemand.*

395. M. T. Ciceronis opera philosophica. *Berolini, 1745, 4 vol. in-12. v. f.*

396. De la République, de Cicéron, trad. en français avec le texte en regard, par Bernardi. *Paris, 1807, 2 vol. in-12. dem. rel.*

397. Corona gratulatoria, seu gratulationes diversæ, quas magnis principibus accinuit celeber. universitas Salisburgensis, per P. Gille. *Salisburgi, 1681, in-fol. fig. vél.*

398. Oraisons funèbres de Bossuet, de Fléchier. *Paris, 1802, 4 vol. in-12. v. f. dent. Pap. Vél.* = Oraisons funèbres choisies de Mascaron, Bourdaloue, La Rue et Massillon. *Paris, 1802, in-12. v. f. dent. Pap. Vél.*

399. Oraisons funèbres de Fléchier. *Paris, 1802, 2 vol. in-12. v. r. Pap. Vél.*

400. Politicon, ou Choix des meilleurs Discours prononcés dans la première Assemblée nationale, par de Balestrier Canilhac. *Paris, 1792, 6 vol. in-8. br.*

POÉTIQUE.

Poètes grecs.

401. Anacréon, Sapho, Bion et Moschus, trad. du grec, par Moutonnet de Clairfons. *Paris, 1773.* = Héro et Léandre, trad. du grec. de Musée, par le même. *Paris, 1774, in-8. v. éc.*

tellier

Mlle hodot.

p.

tellier

Mlle hodot

Dabin

Le tellier

402. luch. apt

Mlle Rodet.

p.

Lefevre
tellier

p.

La Roque ainé

merlin

Mlle Rodet.
la mere
la mere

413. ing.
414. byron.

Laroque ainé

402. Musæi opusculum de Herone et Leandro. Orphæi argonautica, hymni, et de lapidibus, gr. *Venet. Aldus*, 1517, *in-8. v. f.*

403. Homeri Opera, gr. et lat. cum comment. J. Spondani. *Basil.* 1606, *in-fol. bas.*

404. L'Iliade et l'Odyssée d'Homère, trad. en franc. par Madame Dacier. *Amst.* 1712, 6 *vol. in-12. fig. v. m.*

405. L'Iliade, trad. en vers français, par Aignan. *Paris*, 1812, 2 *vol. in-8. dem. rel.*

406. Traduction de l'Odyssée d'Homère, par Voss. *Cologne*, 1808, 2 *tom. en* 1 *vol. in-8. dem. rel.* en allemand.

407. Hesiodi Ascræi quæ extant. Orphei et Procli hymni, gr. lat. et ital. ex translat. A. M. Salvini, accurante Ant. Zanolini. *Patavii*, 1747, *in-8. bas.*

408. Le Avventure d'Ero i de Leandro di Museo, grammat. trasportate in verso italiano, da G. Pompei. *Parigi*, 1801, *in-12. v. f. Pap. Vél.*

409. Le théâtre des Grecs, par le P. Brumoy. *Paris*, 1749, 6 *vol. in-12. v. m.*

410. Æschyli tragœdiæ, gr. et lat. cum variant. lect. *Glasguæ*, 1746, 2 *vol. in-4. dem. rel.*

411. Sophoclis tragœdiæ, gr. et lat. *Londini, Tonson*, 1722, 2 *vol. in-12. v. j.*

412. Euripidis tragœdiæ, gr. et lat. ex interpret. et cum not. G. Canteri. *Excud. P. Stephanus*, 1602, 2 *vol. in-4. v. j.*

Poètes latins anciens.

413. Florilegium ethico-politicum, nec non P. Syri ac L. Senecæ sententiæ, ex recognit. Jani Gruteri. *Francof.* 1610, 3 *vol. in-8. vél.*

414. Priapeia, sive divers. poetarum in Priapum lusus, cum not. var. *Patavii*, 1664, *in-8. bas.*

C ij

3 . 15 415. Lucretius. *Venetiis, Aldus*, 1515, *in-8. dem. rel.*

2 — — 416. Lucretius, de rerum natura. *Paris. Couste-lier*, 1744, *in-12. fig. bas.* = Anti Lucretius, sive de Deo et Natura, auct. M. de Polignac. *Parisiis*, 1754, *in-12. bas.*

12 — — — 417. Lucrèce, de la nature des choses, trad. en français, par M. J. B. S. de Pongerville, avec le texte en regard. *Paris*, 1823, 2 *vol. in-8. fig. br.*

3 . — — 418. Di T. Lucrezio Caro della natura delle cose libri sei, trad. in italiano da A. Marchetti. *In Amsterdamo*, 1754, *in-8. fig. dem. rel.*

6 - 95 419. Antiquissimi Virgiliani codicis fragmenta et picturæ, ex Biblioth. Vatic. à P. Sante Bar-tholi incisæ. *Romæ*, 1741, *in-fol. fig. vel.*

2 — — 420. P. Virgilii Maronis Opera, cum not. J. P. Milleri. *Berol.* 1753, *in-12. bas.* = Q. Horatii Flacci poemata, cum not. german. edente C. Gottschling. *Norim.* 1739, *in-12. bas.*

10 - 65 421. P. Virgilii Maronis Opera, ab A. Ambrogi italico versu reddita. *Romæ*, 1763, 3 *vol. in-fol. fig. dem. rel.*

150 — — 422. P. Virgilii Maronis Bucolica, Georgica et Æneis. *Paris. Didot natu major*, 1798, *in-fol. atlant. fig. dos de m. dem. rel.*

11 - 5 423. P. Virgilii Maronis Opera. *Londini*, 1800, 2 *vol. in-8. fig. dem. rel. Pap. Vél.*

28 . — 424. Virgilius Maro, edente C. G. Heyne. *Lipsiæ*, 1803, 4 *vol. in-8. v. rac.*

12 — — 425. Les Géorgiques de Virgile, trad. en vers fran-çois, par J. Delille, avec le texte en regard. *Paris*, 1811, *in-8. v. porph.*
426. L'Énéide, trad. en vers franç. avec le texte en regard, par J. Delille. *Paris*, 1804, 4 *vol. in-12. bas.*

1 . 55. 427. Q. Horatius Flaccus. = Phædri fabulæ. =

4.y. Byron. coul.

Meckenie

Colas

p.

Colas

Mlle Bodot

Colas

idem

Lafitte

Mlle Bodot

Laroque ainé.

Martin

malafait.

merlin

idem

p.

martin

colas.

dabin

malafait.

p.

p.

dabin

431. hamb. mt

452. luf.

439. gryp. ait

Juvenalis et Persii satyræ. *Berolini*, 1745, *etc.* 3
tomes en 1 *vol. in-*12. *bas.*

428. Q. Horatius Flaccus. *Paris. P. Didot,* 1799,
in-fol. atlant. dem. rel. dos de m. Pap. Vél. fig.
avant la lettre. n° 9 *sur* 250.

429. OEuvres d'Horace, trad. en vers, par M. P.
Daru, avec le texte en regard. *Paris,* 1804, 2 *vol.*
*in-*8. *v. rac.*

430. Q. Horatii Flacci Carmina, recensuit et gal-
licis vers. reddidit C. Vanderbourg. *Paris.* 1812,
2 *tom. en* 3 *vol. in-*8. *bas.*

431. M. Manilii astronomicon. *Patavii, Cominus,*
1743, *in-*8. *bas.* = C. Lucilii satyrarum reliquiæ.
Patav. Cominus, 1735, *in-*8. *bas.*

432. Pedonis Albinovani elegiæ, cum not. var.
Amst. 1703.=P. Corn. Severi Ætna, et quæ supersunt frag. cum not. var. *Amst.* 1703, *in-*12. *v.f.*

433. P. Ovidii Nasonis Opera, curante J. P. Millero.
Berol. 1757, 4 *tom. en* 1 *vol. in-*12. *bas.*

434. Les métamorphoses d'Ovide, en lat. et en
franc. trad. de Banier, avec les fig. gravées par
les soins de Lemire et Basan. *Paris,* 1767, 4 *vol.*
*in-*4. *v. éc.*

435. M. An. Lucani Pharsalia. *Paris. Barbou,*
1767, *in-*12. *bas.* = Catullus, Tibullus et Pro-
pertius. *Lugd. Bat. (Barbou,)* 1743, *in-*12. *bas.*

436. M. A. Lucani Pharsalia, stud. A. A. Renouard.
Paris. P. Didot natu major, 1795, *in-fol. dem.*
rel. dos de m. Pap. Vél.

437. M. V. Martialis epigrammata. *Paris. Barbou,*
1754, 2 *vol. in-*12. *bas.*

438. Ausonii Opera, cum not. var. ex recens.
J. Tollii. *Amst.* 1671, *in-*8. *vel.* *v.f.*

439. A. Prudentii Opera, ex recens. C. Cellarii.
Hal. Magdeb. 1739, *in-*8. *bas.*

440. Claudiani Opera. *Patavii,* 1729, *in-*12. *bas.*

= Valerii Flacci Argonautica. *Lugd. Bat.* 1724, *in-12. bas.*

3 - - .441. F. Aviani fabulæ, cum not. var. *Amst.* 1731, *in-8. bas.* = L. Sectani de tota Græculorum litteratura. *Hagæ Comitum*, 1742, *in-8. bas.*

1 - 50 442. Cœlii Sedulii carmina, ex recens. C. Cellarii. *Halæ Magdeburgicæ*, 1739, *in-12. v. f.* = D. F. la Fage poemata. *Francofurti*, 1764, *in-12. v. f.*

2 - 95 443. M. Ac. Plauti comœdiæ, ex recens. J. P. Milleri. *Berol.* 1755, 3 *vol. in-12. bas.*

3 . 55 444. Les comédies de Plaute, trad. par Gueudeville. *Leide*, 1719, 10 *vol. in-12. fig. v. b.*

5 - 50 445. P. Terentii comœdiæ, italicis versibus redditæ, (à N. Fortiguerra,) cum personarum figuris. *Urbini*, 1736, *in-fol. dem. rel.*

2 - - 446. P. Terentii comœdiæ. *Glasguæ*, 1742, *in-8. bas.* = L. An. Senecæ tragœd. *Vratislaviæ*, 1754, *in-12. bas.*

1 - 90 447. Les comédies de Térence, en lat. et franç. trad. par Madame Dacier. *Amst.* 1767, 3 *vol. in-12. fig. dem. rel.*

Poëtes latins modernes.

448. Epigrammata chronico-sacra. *Colon. Agripp.* 1765, *in-4. v. éc. dent.*

6 - 15 449. Poetarum ex Academia Gallica qui lat. aut gr. scripserunt carmina. *Hagæ Comitum*, 1740, *in-8. bas.* = M. Hospitalii carmina. *Amst.* 1732, *in-8. bas.*

2 - - 450. M. Palingenii Zodiacus vitæ. *Roterod.* 1722, *in-8. v. f.*

2 - - 451. J. Ant. Vulpii carminum libri quinque. *Patavii*, 1742, *in-8. bas.* = S. Capicii de principiis rerum libri duo. *Patavii*, 1751, *in-8. bas.*

4 - 5 452. Th. Bezæ Vezelii poemata. *Lugd. Bat. (Barbou,)* 1757, *in-12. v. m.* = F. J. Desbillons Fabulæ Æsopiæ. *Paris. Barbou*, 1769, *in-12. v. m.*

Merlin

Dalin

Colas

Dalin

p.

Colas.

p.

Dalin

Merlin

Colas.

Lefevre.

- 1 vol. poum.

Mazoyer.

Merlin

idem

idem

Hazard

Mazoyer

Malafait.

Colas.

Merlin

p.

Crozet.

p.

Contillier

453. C. Quilleti Callipædia, et Sc. Sammarthani   3 . 95.
Pædotrophia. *Lond.* 1709, *in-8. vél.*

454. J. Commirii carmina. *Parisiis*, 1753, 2 *vol.*   2 . 20.
in-12. bas.

455. C. Ruæi carmina. *Paris.* 1754, *in-12. bas.* =   3 . 10.
J. Sannazarii Opera. *Paris.* 1725, *in-12. bas.* =
Lusus poetici allegor. auct. Sautel. *Colon. Munat.*
1761, *in-12. bas.*

456. J. Vanierii Præd. rusticum. *Amst.* 1749, *in-12.*   2 . 50.
fig. bas. = M. C. Sarbievii carmina. *Parisiis*,
Barbou, 1759, *in-12. bas.*

457. N. Reusneri Opera poetica. *Jenæ*, 1593, 3   2 . 10.
tom. *en* 1 *vol. in-8. vél.*

458. Virgilii evangelisantis christiados libri tre-   5.
decim, auctore A. Rosæo. *Berolini*, 1754, *in-12.*
v. f. = De litteris inventis libri sex, auctore
G. Nicols. *Londini*, 1711, *in-12. v. f.*

459. Sarcotis, carmen, auct. J. Masenio. *Paris.*   2 - 5
Barbou, 1757, *in-12. v. f.* = J. Hildebr. Withofi
dies caniculares. *Teutoburgi*, 1758, *in-12. v. f.*

460. C. Janitii poemata, curante J. E. Boehmio.   3 . 5.
Lipsiæ, 1755, *in-8. bas.* = B. Zanchii poemata.
Bergami, 1747, *in-8. bas.*

461. M. H. Vidæ de Arte poetica lib. iii. *Altenb.*   3 . 30.
1766, *in-12. bas.* = Faerni Fabulæ. *Parisiis*,
1697, *in-12 bas.*

Poètes françois.

462. Poétique française, par Marmontel. *Paris*,   2 . 55
1763, 2 *vol. in-8. v. f.*

463. Nouveau siècle de Louis xiv, ou Poésies anec-   10 - 10.
dotes du règne et de la cour de ce Prince. *Paris*,
1793, 4 *vol. in-8. dem. rel.*

464. Contes et Nouvelles en vers, par de La Fon-   15.
taine. *Paris, Didot*, 1795, 2 *vol. in-18. m. bl.*
dent. tab. Pap. Vél.

465. Fables de La Fontaine, édit. stéréot. *Paris*,   2 . 95

Didot, an vii, (1799,) 2 *vol. in-*12. *cart. Pap. Vél.*

2 - 80 . 466. Adonis, poëme, par J. de La Fontaine. *Paris, P. Didot l'ainé, an* ii, (1794,) *in-*12. *m. r. dent. tab. Pap. Vél.*

10 - - - 467. OEuvres de N. Boileau Despréaux. *Amst.* 1729, 2 *vol. in-fol. v. m. fig. de B. Picart.*

2 - 50 468. OEuvres de Boileau. *Amst.* 1735, 4 *vol. in-*12. *fig. bas.*

11 - 50 469. OEuvres de Boileau Despréaux, avec des remarques de M. de Saint-Marc. *Paris,* 1772 , 5 *vol. in-*8. *fig. v. rac.* + (Chollas.)

2 - — 470. Poésies choisies de Gresset. *Paris,* 1802, *in-*12. *v. j.* = Elite des Poésies de Chaulieu. *Paris, an* vii, (1799,) *in-*12. *bas.*

471. La Pucelle d'Orléans, par Voltaire. *Paris, Didot jeune, l'an* iii, (1795,) 2 *vol. in-fol. fig. cart. Pap. Vél.*

1 - 50 472. OEuvres de Gilbert. *Paris,* 1801, *in-*4. *cart.*

5 - 65 473. Fables nouvelles, par Imbert. *Paris,* 1773, *in-*8. *v. m.*
474. Poésies de Berquin. *Paris,* 1803 *, in-*12. *fig. v. porph.* = OEuvres chrestiennes d'Ant. Godeau. *Paris,* 1644, *in-*12. *vél.*

2 - 60 475. L'Homme des Champs, par Delille, trad. en vers latins, par Dubois. *Paris,* 1808 , *in-*12. *m. r. dent.*

D. 1 - 50 476. La Conversation, poëme, par Delille. *Paris,* 1812, *in-*8. *br.*

Poètes dramatiques françois, etc.

1 - 55 477. Dictionnaire des Théâtres de Paris. *Paris,* 1756, 7 *vol. in-*12. *br.*

1 - 45 478. Catalogue des Pièces choisies du Répertoire de la Comédie françoise, avec les personnages de chaque pièce, et le nombre des lignes ou vers de chaque rôle. *Paris,* 1775, *in-*8. *v. f.*

9 - 60 479. Recueil de Pièces de Théâtre, tragédies, co-

Cordellier

Colas .

P.
Dabin

cordellier

P.

P.

Cordellier

Lebigre

P.

Dabin

4 y 6. of.

Corneille

p.

Coutellier

Dabin

Colas.

p.

Dabin

p.

Chimot.

p.

Colas.

idem

idem   avec un double D. Baron 2 vol.

Cluzel.

médies, etc. dont : l'Intrigue épistolaire, par
Fabre d'Eglantine, etc. 17 *vol. in-8. et in-12. rel.*

480. Théâtre de P. Corneille, avec des Commentaires, par Voltaire. 1776, 10 *vol. in-8. fig. bas.*

481. OEuvres dramatiques de Th. Corneille. *Paris,* 1738, 5 *vol. in-12. v. b.*

482. OEuvres de Molière. *Paris,* 1799, 8 *vol. in-18. v. f. édit. stéréot.*

483. Théâtre de Quinault. *Paris,* 1778, 5 *vol. in-12. v. m.*

484. OEuvres de J. Racine. *Paris,* 1801, 5 *vol. in-18. v. m. édit. stéréot.*

485. OEuvres de Champmeslé. *Paris,* 1742, 2 *vol. in-12. v. f.* = OEuvres de La Fosse. *Paris,* 1747, 2 *vol. in-12. v. f.*

486. Théâtre de Boursault. *Paris,* 1746, 3 *vol. in-12. v. m.* = Théâtre de Le Grand. *Paris,* 1742, 2 *vol. in-12. v. m.*

487. OEuvres de Regnard. *Paris,* 1801, 5 *vol. in-18. v. rac. édit. stéréot.*

488. Théâtre de MM. de Brueys et de Palaprat. *Paris,* 1755, 5 *vol. in-12. v. m.*

489. Le Théâtre de Baron. *Paris,* 1742, 2 *vol. in-12. v. m.*

490. OEuvres de Autreau. *Paris,* 1749, 4 *vol. in-12. v. f.*

491. OEuvres dramatiques de N. Destouches. *Paris,* 1820, 6 *vol. in-8. br.*

492. Théâtre de Fagan. *Paris,* 1760, 4 *vol. in-12. v. m.*

493. OEuvres de Crébillon. *Paris,* stér. d'Hérhan, 1802, 3 *vol. in-12. v. f. dent. Pap. Vél.*

494. OEuvres de Théâtre de Saintfoix. *Paris,* 1762, 4 *vol. in-12. v. m.*

495. Adolphe et Caroline, ou le Danger des divisions politiques dans l'intérieur des Familles,

comédie en cinq actes et en prose, (par M. le comte de Belderbusch.) *Paris*, 1824, *in-8. br.*

Il y a toute l'édition de cette Comédie; elle se compose d'environ 500 exemplaires.

3 . 50 496. Le Théâtre italien de Gherardi. *Paris*, 1717, 5 *vol. in-*12. *v. b.* = Le nouveau Théâtre italien. *Paris*, 1733, 9 *vol. in-*12. *bas.*

2 . 50 497. OEuvres de Vadé. *Paris*, 1758, 4 *vol. in-8. v. f.*

5 - - 5 498. Théâtre de Favart. *Paris*, 1763, 10 *vol. in-8. bas.*

1 - 75 499. OEuvres choisies d'A. P. A. de Piis. *Paris*, 1810, 4 *vol. in-8. br.*

1 - 50 500. Nouveau Recueil de Chansons choisies, avec les airs notés. *La Haye*, 1731, 8 *vol. in-*12. *bas.*

4 . 95 501. Anthologie française, ou Chansons choisies depuis le XIIIe siècle. *Paris*, 1765, 4 *vol. in-8. v. f.*

2 . 30 502. Les Apropos de société, par M. Laujon. 1776, 3 *vol. in-8. fig. v. porph.*

Poètes italiens.

2 - 55 503. La divine comédie de Dante, l'Enfer, trad. en franç. avec le texte en regard, par Moutonnet de Clairfons. *Paris*, 1776, *in-8. v. m.*

3 - 95 504. Il Petrarca, con l'espositione d'Ales. Vellutello. *In Vinegia*, 1528, *in-8. dem. rel.*

3 - -- 505. Il Petrarca, con l'espositione d'Ales. Vellutello. *In Venetia*, 1560, *in-4. vél.*

5 - 60 506. Il Petrarcha, con l'espositione di M. G. Andrea Gesualdo. *In Vinegia*, 1574, *in-4. fig. bas.*

4 - 95 507. La disparata, sventurato pelegrino, Littera d'Amore, sonetti. *In-4. dem. rel. fig. en bois.*

15 - 50 508. Orlando furioso di L. Ariosto, con annotazioni. *In Venezia*, 1730, 2 *vol. in-fol. fig. dem. rel.*

20 - — 509. Orlando furioso di L. Ariosto. *In Parigi*, Plassan, 1795, 4 *vol. in-4. fig. dem. rel. dos de m. Gr. Pap. Vél.*

Le Comte

martin

Dabin

p.

Le Comte

Colas.

idem

503 . Boes. m^t   fayolle

Le tellier

Colas.

506. Boes. m^t revendu par des ratures ~~teuchy~~ Colas.
               l'encre

508 lt. quat. ai^t   le tellier

509. Boes. h^t   Colas.

Le tillier.   §10. Boes. p+

cadas.   §11. greg. am+

idem

aillaud

                 il marque le 1er feuillet §15. dur. xx+ C.

fayolle   §16. greg. ae+
Le comte

                                     §18. C. dur. apt lif.

martins

                                     §20. C.

Colas.

5io. La Gierusalemme liberata di T. Tasso, con le figure di G. B. Piazzetta. *Venezia*, 1745, *in-fol. v. m.*

5ii. La Secchia rapita di A. Tassoni. *In Parigi,* 1766, 2 *vol. in-8. fig. m. r.*

5i2. La Genesi ridotta in ottava rima, dal dottore F. Caldari. *Venezia,* 1747, 2 *vol. in-4. v. porph.*

5i3. Poesie di Metastasio. *In Torino,* 1757, 10 *vol. in-8. dem. rel.*

5i4. L'Austri Borbonide, ovvero fasti d'Europa. *In Modena,* 1770, 2 *vol. in-4. fig. mout. r. dent.*

5i5. La Passione di Jesu Cristo, rapresentata in Roma in el luogo dicto Coliseo. *Stampata per Marc. Silber, in Roma,* 1513, *in-4. cart. fig. en bois.* Rare.

5i6. Tragedie di Vittorio Alfieri da Asti. *Firenze,* 1820, 6 *vol. in-8. br.*

5i7. Recueil d'opéra buffa, en italien et en françois, dont : il Geloso in Cimento, 1790. = I Viaggiatori felici, 1790. = La Molinarella, 1789. = Il Fanatico burlato, etc. *Parigi,* 3 *vol. in-8. dem. rel.*

Poètes allemands, etc.

5i8. Poétique allemande, avec une Bibliothèque des poètes allemands, par Mayer. *Vienne,* 1824, 3 *vol. in-8. br. en allemand.*

5ig. Stultifera navis, per Sebast. Brant vernaculo vulgarique sermone et rhytmo fabricata, atque per Jac. Locher in latinum traducta eloquium. *Basileæ, Joannes Bergman de Olpe,* 1498. = Ejusd. S. Brant varia carmina. *Ibidem,* 1498, *in-4. dem. rel. fig. en bois.*

5ao. OEuvres poétiques de B. H. Brocke. *Tubingue,* 1739, 10 *vol. in-8. bas. en allemand.*

5ai. Poésies de Gunther *Bresslau,* 1746, *in-8. bas.* = Poésies de Canitz. *Berlin,* 1750, *in-8. dem. rel. en allemand.*

4. 95
> 522. Satyres de Rabener, trad. de l'allemand, par de Boispréaux. *Paris*, 1754, 4 *tom. en* 2 *vol. in-*12. *v. m.*
> 523. Poésies sérieuses, plaisantes et satyriques de Picander. *Leipzig, 1748, in-*8. *vél. en allemand.*

2 — — 524. Poésies de Niemeyer. *Leipzig*, 1778, *in-*4. *fig. dem. rel. en allemand.*

11 — — — 525. Musarion, par C. M. Wieland, en allem. *Vienne*, 1808, *gr. in-fol. fig. m. r. dent.*

5 - 55
> 526. Bibliothèque dramatique de Lessing. *Berlin*, 1754, 4 *tom. en* 2 *vol. in-*12. *dem. rel. en allemand.*
> 527. Théâtre espagnol. *Paris*, 1770, 4 *vol. in-*12. *v. m.*

9 - 10 528. Les Lusiades, poëme du Camoëns, trad. par Millié. *Paris*, 1825, 2 *vol. in-*8. *br.*

6 - 10 529. Paradise lost, by J. Milton. *Glasgow*, 1770, *in-fol. v. f.*

2 - 25 530. Paradis perdu, trad. de l'angl. de Milton, par J. Delille. *Paris*, 1805, 3 *vol. in-*18. *bas.*

8 - — — 531. Traduction de l'Essai sur l'Homme, de Pope, en vers français, par de Fontanes, avec le texte anglais en regard. *Paris*, 1821, *in-*8. *bas.* = Le même, trad. par J. Delille. *Paris*, 1821, *in-*8. *bas.*

3 . 40 532. Poésies d'Ossian, traduites en vers par Rhode. *Berlin*, 1817, 3 *vol. in-*12. *fig. br. en allemand.*

23 . 95 533. The plays of Wil. Shakspeare, with illustrations of various commentators, and the notes of S. Johnson and. G. Steevens. *Basil*, 1800, 23 *vol. in-*8. *dem. rel.*

Mythologie. Fables et Apologues.

3 . — 534. Palæphatus de incredibilibus, gr. et lat. ex interpret. et cum not. C. Tollii, etc. *Francof.* 1685, *in-*8. *vél.*

1 . 50 535. Le Temple des faux dieux nouvellement ou—

$28. Coul.

Le Tellier

Colas

idem

Le Tellier

Colas
~~Co~~
idem

Dabin

Rossican

Colas.

porquet.

malafait

Colas.

Lefevre

Colas.

idées

Dabis

le 1er vol-mouillé

truchy

chinot

Colas.

vert, par V. Chartarius. *Francfort,* 1692, *in-*4. *fig. bas. en allemand.*

536. Les fables égyptiennes et grecques, dévoilées et réduites au même principe, par Pernety. *Paris,* 1758, 2 *vol. in-*8. *v. m.*   5.

537. Lettres à Émilie sur la Mythologie, par C. A. Demoustier. *Paris,* 1801, 3 *vol. in-*8. *fig. v. rac.*

538. Le temple des Muses, orné de LX tableaux dessinés et gravés par B. Picart. *Amst.* 1733, *in-fol. v. b.*   20.

539. Les fables d'Ésope, trad. du grec, avec 123 *fig.* d'après Barlow. *Paris, an* XI, (1803,) 2 *tom.* 1 *vol. in-*8. *dem. rel.*   5 - 25.

540. Fables choisies, en français, avec les traduct. en italien et en allemand, par Veneroni, etc. *Ausbourg,* 1727, *in-*4. *fig. cart.*

Facéties. Contes et Nouvelles.

541. L'Ane d'or d'Apulée, trad. en françois. *Paris,* 1745, 2 *vol. in-*12. *fig. v. m.*   2.

542. Dissertationum ludicrarum et amœnitatum scriptores varii. *Lugd. Bat.* 1644, *in-*18. *dem. rel.*

543. Œuvres de Franç. Rabelais, avec les remarques de Le Duchat, et les figures de B. Picart. *Amst.* 1741, 3 *vol. in-*4. *v. f. Gr. Pap. très Rare.*   75 - 95. ℣.

544. Il Decamerone di G. Boccaccio. *Parigi,* 1768, 3 *vol. in-*12. *v. j.*   4. 60

545. Les Mille et une Nuits, contes arabes, trad. par Galland. *Paris,* 1745, 6 *vol. in-*12. *v. m.* = Les Mille et une Heures, contes péruviens. *Paris,* 1759, 2 *vol. in-*12. *v. m.*   7 - 15.

546. Voyages de Sind-Bad le marin, trad. de l'arabe en franç. par L. Langlès, avec le texte en regard. *Paris,* 1814, *in-*18. *br.* = Voyage chez les Mahrattes, trad. de l'angl. par L. Langlès. *Paris,* 1820, *in-*18. *br.*   2 - 65.

Romans grecs, françois, etc.

3 - - 547. Gli amori pastorali di Dafni e Cloe di Longo, trad. dal commend. Annibal Caro. *Parigi*, 1800, *in*-12. *v. f. dent.* = Aminta, di T. Tasso. *Parigi*, 1800, *in*-12. *v. f. dent. Pap. Vél.*

1 - 55 548. Les aventures de Chœrée et de Callirrhoé, trad. du grec, par Fallet. *Paris*, 1775, *in dem. rel.*

5 - 25 549. J. Barclaii Argenis, cum clave. *Amst.* 1664, *in*-12. *vél.*

550. La Bibliothéque Bleue. *Paris*, 1776, 2 *vol. in*-8. *bas.*

2 - 60 551. Agnès de France, ou le XII\[e\] siècle, par madame Simons-Candeille. *Paris*, 1821, 3 *vol. in*-12. *bas.*

552. Les Amours de Carite et de Polydore, par J. J. Barthélemy. *Paris*, 1760, *in*-12. *v. f.*

3 - 65 553. Arminius et Thusnelda, histoire politique, amoureuse et héroïque, par D. C. de Lohenstein. *Leipzig*, 1731, 4 *tom.* en 2 *vol. in*-4. *dem. rel. en allemand.*

2 - - 554. Aventures de Télémaque, traduites en allemand, avec des remarques, par Neukirch. *Nuremberg*, 1762, 2 *vol. in*-8. *fig. dem. rel.*

2 - - 555. Bianca Capello, imité de l'allem. par Rauquil Lieutaud. *Paris*, *Didot*, 1790, 2 *vol. in*-12. *m. puce.*

6 - 10 556. Discours du Songe de Poliphile, trad. d'ital. en franç. *Paris*, 1546, *in-fol. fig. v. b.*

4 - 30 557. Le Tableau des riches inventions représentées dans le Songe de Poliphile, par Beroalde. *Paris*, 1600, *in*-4. *fig. v. b.*

7 - 65 558. Histoire amoureuse des Gaules, par de Bussy Rabutin. 1754, 5 *vol. in*-12. *v. m.*

15 - 5 559. Histoire de don Quichotte, avec les nouvelles de Cervantes, trad. de l'espagnol. *Amst.* 1768, 8 *vol. in*-12. *fig. bas.*

avec un doble de l'amirau
v. rac.

Colas.

Martin

Martin

Dabin

idem

Letellier

Martin

Martin

porquet
truchy

p.

malafait.

562. of.

p.

Colas.
idem

p.

568. of.

Colas.

idem

p.

martin
Colas

p.

malafait.

560. Histoire de Gilblas de Santillane, par Le Sage. *Paris*, 1821, 5 *vol. in*-12. *fig. br.*

561. Histoire du petit Jehan de Saintré, par de Tressan. *Paris*, 1791, *in*-12. *fig. cart. Pap. Vél.* = Histoire de Gérard de Nevers, par le même. *Paris*, 1792, *in*-12. *fig. cart. Pap. Vél.* - - -

562. Ivanhoe, ou le retour du Croisé, par Walter Scott, trad. de l'angl. *Paris*, 1820, 4 *tom. en* 2 *vol. in*-12. *dem. rel.*

563. Lettres d'une Péruvienne, par madame de Grafigny. *Paris, Didot*, 1797, 2 *vol. in*-18. *fig. v. éc.*

564. Les Liaisons dangereuses, par Choderlos de la Clos. *Londres*, 1796, 2 *vol. in*-8. *fig. v. éc.*

565. Mathilde, ou Mémoires tirés de l'histoire des Croisades, par madame Cottin. *Paris*, 1810, 4 *vol. in*-12. *bas.*

566. La Pariseide, ou Paris dans les Gaules, (par Godard d'Aucourt.) *Paris*, 1773, 2 *vol. in*-8. *v. m.*

567. La Paysanne parvenue, (par de Mouhy.) *Paris*, 1746, 4 *vol. in*-12. *v. m.*

568. Les Puritains d'Ecosse, et le Nain mysté- rieux, par Walter Scott, trad. de l'angl. *Paris*, 1821, 4 *vol. in*-12. *br.*

569. Le Roman du Renard, par H. de Alkmar, trad. en allemand, par J. Chr. Gottsched. *Leipzig*, 1752, *in*-4. *fig. dem. rel.*

570. Le Romant des Chevaliers de la Gloire, par F. de Rosset. *Paris*, 1612, *in*-4. *v. b.*

571. A sentimental Journey, by L. Sterne. *Paris*, 1802, *in*-18. *v. f.* = Le même, trad. en françois. *Paris*, 1801, 3 *vol. in*-18. *v. éc.*

572. A sentimental Journey through France and Italy, by L. Sterne. *Paris*, 1802, *in*-12. *fig. v. f. dent. Pap. Vél.*

573. La Vie et les Opinions de Tristram Shandy,

trad. de l'angl. de Sterne, par Frenais. *Paris,*
1785, 4 *vol. in-*12. *v. éc.*

Critiques. Satires, etc.

3.40
574. Athenæi deipnosophistarum lib. xv. *Venet.*
1556, *in-fol. dem. rel.*
575. Auli Gellii noctium atticarum libri xx,
edente P. J. Longolio. *Curiæ Regnitianæ,* 1741,
*in-*8. *bas.*

8.6.---
576. A. Macrobii Opera quæ exstant. *Patavii,*
Cominus, 1736, *in-*8. *bas.*

6.--40
577. Alexandri ab Alexandro genialium dierum
lib. sex, cum not. var. *Lugd. Bat.* 1673, 2 *vol.*
*in-*8. *v. f.*

2 -- --
578. In Cl. Claudiani libros de raptu Proserpinæ
comment. auct. N. Biffio. *Mediol.* 1684, *in-fol.*
dem. rel.

4 .- 5.
579. D. G. Morhofii polyhistor literarius, philosoph. et practicus. *Lubecæ,* 1732, 2 *vol. in-*4.
v. b.

2 - 50
580. Novæ cogitationes in libros Annalium C. C.
Taciti, auct. Lud. d'Orléans. *Parisiis,* 1622,
in-fol. vél.

3 - -
581. L. C. Rhodigini Lectiones antiquæ. *Basil.*
1542, *in-fol. vél.*

6 - --
582. Leçons sur l'Art et la Littérature dramatiques, par Schlegel. *Heidelberg,* 1809, 2 *tom. en*
3 *vol. in-*12. *dem. rel. en allemand.*

1 - 5
583. Traité du Style, par Thiebault. *Paris,* 1801,
2 *vol. in-*8. *br.*
584. C. Weisii de poesi hodiernorum politicorum,
sive de argutis inscriptionibus, lib. II. *Jenæ,*
1688, *in-*8. *bas.* = Sylloge Anecdotorum omnis
ævi, chronicorum, diplomatum, etc. ex recens.
C. F. Ayrmanni. *Francof. ad Mœn.* 1746, *in-*8.
bas.

syb. goe. n^t

Colas.

chinot.

malafait.

Bertrand

idem

malafait

aillaud

guillemot

Colas.

idem

p.

malafait

Merlin

p.

Colas.

guillemot.

truchy

Merlin

585. T. Petronii Arbitri satyricon. *Lipsiæ*, 1731, in-8. *bas.* = J. Barclaii satyricon. *Lugd. Bat.* 1674, in-8. *bas.*

586. J. Barclaii satyricon. *Lugd. Bat.* 1628, 2 *vol.* in-12. *m. vert.*

587. Nouvelle Apologie de Socrate, par J. A. Eberhard. *Berlin*, 1788, 2 *vol. in*-12. *dem. rel.* en allem.

588. Amphiteatrum sapientiæ Socraticæ joco-seriæ, auct. C. Dornavio. *Hanoviæ*, 1619, *in-fol. vél.*

589. Stultitiæ Laudatio, auct. D. Erasmo. *Parisiis*, *Barbou*, 1765, *in*-12. *v. f.*

Sentences. Emblêmes.

590. J. Stobæi sententiæ, gr. et lat. ex vers. C. Gesneri. *Basil.* 1549, *in-fol. v. b.*

591. Matinées Senonoises, ou Proverbes français, (par Tuet.) *Paris*, 1789, in-8. *dem. rel.*

592. A. Alciati emblemata. *Parisiis*, 1602, *in-8. fig. vél.*

593. Théâtre moral de la vie humaine, représenté en 103 tableaux tirés d'Horace, par Otho Vœnius, en latin, français, hollandais et allemand. *La Haye*, 1755, *in*-4. *fig. dem. rel.*

594. Emblemata Fl. Schoonhovii, partim moralia, partim politica. *Lug. Bat. ex offic. Elzev.* 1626. = J. A. Bruck emblemata politica. *Argent.* 1618, in-4. *fig. v. b.*

595. Symbola divina et humana imperatorum, regum, etc. J. Typotii. *Francof.* 1642, *in-fol. fig. v. b.*

596. Emblematum ethico-politic. centuria, auct. J. G. Zinegrefio. *Heidelbergæ*, 1664, *in*-4. *fig. vél.* = Parvus mundus, auct. I. Cunradi. *Arnhemi, in*-4. *fig. cart.*

597. Mundus symbolicus in emblematum uni-

versitate formatus, auct. P. Picinello. *Colon.
Agrip.* 1694, 2 tom. en 1 *vol. in-fol. fig. vél.*

2 - - 598. Meteorologia philosophico-politica, auct. F.
Reinzer. *Aug. Vindel.* 1709, *in-fol. fig. v. b.*

Polygraphes grecs et latins.

6 - 6o 599. Luciani Samosat. Opera, gr. et lat. cum annot.
G. C. Nozereni, et J. Sambuci. *Basil.* 1563, 4 *vol.
in-8. vél.*

3o - - 600. Lucien de la traduction de N. Perrot d'Ablan-
court. *Amsterdam,* 1683, 2 *vol. in-*12. *bas.*
601. OEuvres de Lucien, trad. en franc. par Belin
de Ballu. *Paris,* 1789, 6 *vol. in-8. v. éc.*

12 - 5 602. Philostratorum quæ supersunt omnia, gr. et
lat. ex recens. G. Olearii. *Lipsiæ,* 1709, *in-fol.
vél.*

3 - 5 603. Juliani imper. Opera, gr. et lat. *Paris.* 163o,
*in-*4. *v. b.*

V - 6 - - - 604. Recueil de pièces. *In-*4. *dem. rel.* contenant:
Epistola regis Portugaliæ ad Julium Papam se-
cundum de victoria contra Infideles habita.
Romæ, Eucharius Argenteus, 1499. = Gesta per
Portugalenses in India et aliis orientalibus terris.
Romæ, 1506. = Carmen pastorale, in quo de-
ploratur mors Julii II Pont. max. etc.

V - 6 - - 605. Miscellanea in quibus continentur orationes
Othonis Beckman. *Wittenbergæ,* 1510. = Luciani
dialogi varii, in lat. translati. = De laudibus
Westphaliæ, seu antiq. Saxoniæ, etc. 5 *vol.
in-*4. *cart.*

V - 6 - - 606. Miscellanea poetico - historica. Recueil de
pièces en latin et en allemand, dont quelques
unes manuscrites et d'autres ornées de figures.
in-fol. v. b.

V 25 - 95 607. Veteris ævi analecta, seu vet. monumenta
quibus continentur scriptores varii, edente A.
Matthæo. *Hag. Com.* 1738, 5 *vol. in-*4. *v. b.*

Martin

p.

Colas.
tome 3. pag. 153 et 154. un carton

Labitte

idem

604. C.

605. C.

606. C.

607. imp.

608. bis.

~~chinois~~ merlin

Colas

malafait.

p.

malafait.

Bertrand.

Klaproth

Colas.

idem

608. Thesaurus dissertat. quibus historia, geographia et antiquitates tam sacræ quam profanæ
illustr. edente J. C. Martini. *Norimbergæ*, 1763,
2 *vol. in-8. dem- rel.*

609. Opera omnia J. Pici Mirandulæ. *Basil.* 1573,
2 *vol. in-fol. dem. rel.*

610. Marsilii Ficini Opera. *Basil.* 1576, 2 *vol. in-
fol. vél.*

611. Fr. Bapt. Mantuani Opera. *Lugduni*, 1516,
in-8. vél.

612. S. Portii Opera varia, scilicet : De humana
mente, etc. *Florent.* 1551, *in-4. v. f.*

613. Laur. Patarol Opera omnia. *Venet.* 1743,
in-4. fig. cart.

614. J. Thomasii dissert. variæ. *Lipsiæ*, 1676. =
A. C. Eschenbach Epigenes de poesi orphica.
Norimbergæ, 1702. = E. Weigelii Opera varia.
Jenæ, 1771, 2 *vol. in-4. bas.*

615. M. Velseri Opera historica et philolog. sacra
et profana. *Norimbergæ*, 1682, *in-fol. fig. vél.*

616. D. G. Morhofii dissert. academicæ et episto-
licæ. *Hamburgi*, 1699, *in-4. bas.*

617. A. C. Eschenbach dissertationes acad. *Norimb.* 1705, *in-8. v. b.* = J. B. Menckenii dissert.
academ. *Lipsiæ*, 1734, *in-8. v. b.* = Inscriptionum singularium fascic. edente J. C. Nemeitz.
Lipsiæ, 1726, *in-12. v. b.*

618. Struvii bibliotheca antiqua. *Jenæ*, 1805,
2 *vol. in-4. bas.*

619. A. G. Busbequii quæ extant. *Lugd. Bat. Elzev.*
1633, *in-12. vel.*

620. D. Baudii epistolæ et orationes. *Amst. L. Elzev.*
1654, *in-12. vel.*

621. Joannis Saresberiensis Polycraticus, sive de
nugis curialium et vestigiis philosoph. lib. octo.
Lugd. Bat. 1639, *in-8. vél.*

622. Sereniss. et potent. principis Jacobi, Magnæ

{ Britanniæ regis Opera, edita a J. Montacuto.
  Francof. ad. Mœn. 1689, *in-fol. vél.*
623. J. Battely Opera posthuma, scilicet : Antiquit.
  Rutupinæ, etc. *Oxon. e Th. Sheldon.* 1745,
  in-4. fig. br.

Polygraphes français.

9. 17-50   624. Conservatoire des Sciences et des Arts, ou recueil de pièces intéressantes sur les antiquités, la mythologie, etc. trad. de différentes langues. *Paris,* 1787, 6 *vol. in-8. fig. dem. rel.*

9. 7-95   625. Lettres d'Héloïse et d'Abeilard, Hymne au soleil, Voyage de Chapelle et Bachaumont, etc. *Genève,* (*Cazin,*) 1777, 7 *vol. in-18. v. rac.*

8. 10   626. OEuvres de Colardeau, de Bernis, de Boufflers, etc. *Paris, Cazin,* 1793, 8 *vol. in-18. v. éc.*

9. 4 --   627. Mélanges de Littérature, d'Histoire et de Philosophie, par d'Alembert. *Amst.* 1773, 5 *vol. in-12. v. m.*

2 - 10   628. OEuvres complètes de l'abbé Arnaud. *Paris,* 1808, 3 *vol. in-8. dem. rel.*

3 . 15   629. Nouveaux Mémoires d'Histoire, de Critique et de Littérature, par l'abbé d'Artigny. *Paris,* 1749, 7 *vol. in-12. v. m.*

17 - --   630. OEuvres diverses de P. Bayle. *La Haye,* 1737, 4 *vol. in-fol. v. m.*

2 - - - 631. OEuvres complètes d'André Chenier. *Paris,* 1819, *in-8. dem. rel.*

8 . 55   632. OEuvres de Dorat. *Paris,* 1779, 13 *vol. in-8. v. éc.*

3 . 55   633. OEuvres de Fontenelle. *Paris,* 1758, 10 *vol. in-12. v. m.*

12 --   634. OEuvres choisies de Fontenelle, enrichies de figures gravées par B. Picart. *La Haye,* 1728, 3 *vol. in-fol. v. m.*

9. 4-95   635. OEuvres de Léonard. *Paris,* 1787, 2 *vol. in-*

624. of ● Rol. ✱

625. Bron.

626. of.

Lefme.

p.

Datin

Meilhac

Colar.

Lefme

p.

Martin

625. Rol.

636.of.

Meilhac

Dabin

Lefevre.

p.

garnot.

Colas.

garnot.
decoutur

Rouncan

colas.

Satardy

12. *v. éc.* = Les Bijoux des neuf Sœurs. *Paris,* 1790, 2 *vol. in*-12. *v. porph.*

636. OEuvres posthumes de Mably. *Paris,* 1790, 4 *vol. in*-12. *v. f. Pap. Fort.*

637. OEuvres diverses de Marivaux. *Paris,* 1765, 4 *vol. in*-12. *v. m.*

638. Opuscules de A. L. Millin, 9 part. in-8. br. dont : Minéralogie homérique, 1816. = Introduction à l'Etude des pierres gravées, et à l'Etude des monumens antiques, 1796, etc.

639. Essais de Montaigne, avec des notes, par Coste. *Londres,* 1745, 7 *vol. in*-12. *v. m.*

640. Notices et observ. pour préparer et faciliter la lecture des Essais de Montaigne, par Vernier. *Paris,* 1810, 2 *vol. in*-8. *br.*

641. OEuvres de Montesquieu. *Basle,* 1799, 8 *tom.* en 4 *vol. in*-8. *v. rac.*

642. Mélanges extraits des manuscrits de Madame Necker. *Paris,* 1798, 3 *vol. in*-8. *br.* = Nouveaux Mélanges. *Paris,* 1801, 2 *vol. in*-8. *br.*

643. OEuvres de J. J. Rousseau. *Genève,* 1782, 12 *vol. in*-4. *m. r. Gr. Pap.*

644. OEuvres de Saint-Evremond. (*Paris,*) 1740, 10 *vol. in*-12. *v. m.*

645. OEuvres de Saint-Réal. *Amst.* 1740, 6 *vol. in*-12. *v. b.*

Polygraphes allemands, etc.

646. OEuvres posthumes de Frédéric II, roi de Prusse. 1789, 12 *vol. in*-8. *dem. rel.* = Essai sur la Vie et le Règne de Frédéric II, par Denina. *Berlin,* 1788, 2 *vol. in*-8. *br.* = La Prusse littéraire sous Frédéric II, par le même. *Berlin,* 1790, 3 *vol. in*-8. *br.*

647. OEuvres complètes de Herder. *Carlsruhe,* 1821, 16 *vol. in*-12. *dem. rel. dos de m.* en *allemand.*

Il manque le tome 15.

D iij

648. Poëmes, Discours et Grammaire allemande de Gottsched. *Leipzig*, 1751, 4 *vol. in*-8. *bas. en allemand.*

649. OEuvres diverses de Pope, trad. de l'anglais. *Amst.* 1767, 8 *vol. in*-12. *fig. v. m.*

650. Vie, Observations et Pensées de J. Bunkel, trad. de l'anglais. *Berlin*, 1778, 4 *vol. in*-12. *fig. dem. rel. en allemand.*

651. D. Erasmi colloquia, ex recens. et cum not. P. Rabi. *Ulmæ*, 1747, *in*-8. *v. f.*

Épistolaires latins, etc.

652. C. Plinii Secundi Epistolæ et Panegyricus, ex recens. et cum not. J. N. Lallemant. *Parisiis*, 1749, *in*-12. *v. f.*

653. Epistolarum obscurorum virorum ad M. Ortuinum Gratium volumina duo. *Londini*, 1742, 2 *tomes en* 1 *vol. in*-12. *bas.*

654. L. Bruni Aretini Epistolarum libri quinque, curante J. A. Fabricio. *Hamburgi*, 1724, *in*-8. *bas.* = Fragmenta poetarum veterum recentiorumque. *Vetero-Pragæ*, 2 *part. en* 1 *vol. in*-8. *bas.*

655. D. Erasmi Epistolæ. *Lugd. Bat.* 1706, 2 *vol. in-fol. vél.*

656. Is. Casauboni Epistolæ, curante T. J. ab Almeloveen. *Roterod.* 1709, *in-fol. bas.*

657. Commercium epistolicum Leibnitianum, ex recens. J. D. Gruber. *Hanov.* 1745, 2 *vol. in*-8. *bas.*

658. J. Tollii Epistolæ itinerariæ, cura et studio H. C. Henninii. *Amst.* 1700, *in*-4. *fig. v. b.*

659. Lettres de Voiture. *Wesel*, 1668, *in*-12. *vel.*
660. Recueil des Lettres de madame de Sévigné. *Paris*, 1754, 8 *vol. in*-12. *v. m.*

661. Lettres juives, par le marquis d'Argens. *Amst.* 1736, 6 *tomes en* 3 *vol. in*-12. *v. b.*

Decorticam.

p.

colas.

idem

idem

idem

decorticam.

Le Comte

Dabin

idem

6sz. duch. p†

6sb. dug.
6sy. iuf.

Rousseau

idem

p.
chimot.
mlle Bodot.

p.

chimot.

idem

Letellier

chimot.

Simonet

chimot.

auvray.

662. Lettres chinoises, (par le marquis d'Argens.)
La Haye, 1751, 5 vol. in-12. bas.

663. Lettres familières de Winckelmann. Paris,
1781, 3 vol. in-8. dem. rel.

664. Correspondance historique et politique de
Schlœzer, années 1775 à 1780. Goetingue, 7 vol.
in-8. dem. rel. en allemand.

HISTOIRE.

Introduction à l'étude de l'Histoire. Géographie, etc.

665. L'Esprit de l'Histoire, par Ferrand. Paris,
1802, 4 vol. in-8. br.

666. Atlas historique, par Gueudeville. Amst.
1721, 7 vol. in-fol. fig. v. b.

667. P. Merulæ Cosmographia generalis. Amst.
1636, 6 vol. in-12. fig. vél.

668. Cosmologie, ou Description générale de la
terre, par M. Walckenaer. Paris, 1816, in-8.
dem. rel.

669. M. A. Baudrand Geographia. Parisiis, 1682,
2 tom. en 1 vol. in-fol. vél.

670. Dictionnaire géographique et hist. par Baudrand. Paris, 1705, 2 vol. in-fol. v. m.

671. Dictionnaire hist. et géographique, par Bru-
zen de la Martinière, trad. en allemand. Leipzig,
1744, 13 vol. in-fol. bas.

672. Dictionnaire géographique, par Robert. Paris, 1820, 2 vol. in-8. br.

673. Dictionnaire universel de la géographie com-
merçante, par Peuchet. Paris, an VII, (1799,)
5 vol. in-4. cart.

674. Dictionnaire géographique des postes aux
lettres de tous les départemens de la France.
Paris, 1802, 3 vol. in-8. cart.

Géographes grecs, latins, etc.

675. Géographie des Grecs et des Romains, par Mannert. *Nuremberg*, 1799 à 1825, 10 *tom. en* 14 *vol. in-8. br. en allemand.*

676. Strabonis rerum geographicarum libri xvii, gr. et lat. (ed. T. Janssonio ab Almeloveen.) *Amst.* 1707, 2 *vol. in-fol. v. b.*

677. Géographie de Strabon, trad. du gr. en franç. par MM. Dutheil, Gossellin, etc. *Paris*, 1805, *in-4. cart. les tomes* 1 *à* 4.

678. Dionysius, de situ orbis, lat. = *Parisiis, Kerver*, 1499. = Lupoldus, de juribus et translatione imperii. *Argentor.* 1508, *et alia opusc. in-4. rel. en bois.*

679. Pomponii Melæ de situ orbis libri tres, ex recens. J. Gronovii. *Glasguæ*, 1752, *in-12. v. f.* = Vibius Sequester, de Fluminibus, Fontibus, etc. ex recensione F. Hesselii. *Roterodami*, 1711, *in-8. v. f.*

680. C. Salmasii Plinianæ exercitationes in C. J. Solini Polyhistora. *Traj. ad Rhen.* 1689, 2 *vol. in-fol. vél.*

681. Theatro del Mondo, di Abr. Ortelio. *In Anversa*, 1608, *in-fol. max. vél. fig. color.* = G. Mercatoris atlas. *Amst.* 1623, *in-fol. max. vél. fig. color.*

682. Notitia orbis antiqui, sive Geographia plenior, auct. C. Cellario. *Lipsiæ*, 1702, 2 *vol. in-4. fig. vél.*

683. P. Cluverii introd. in univ. Geographiam. *Amst. L. Elzev.* 1651, *in-12. vél.*

684. Geographia generalis, auct. B. Varenio. *Amst. ex off. Elzev.* 1664, *in-12. vél.*

685. Geographia artificialis, sive globi terraquei Geographice repræsentandi artificium, auct. P. H. Scherer. *Monachii*, 1703, 2 *vol. in-4. fig. vél.* =

675. C. tomes 1 ay.

676. Boes. m² +

chinet.

labitte

Simonet

ct. quatremen

crozet

Dabin

m^lle Bodot

chinot

Dabin

Mlle Bodot.

chinot.

Et quatrinner

il manque le tome 19
Simonet.

truchy   690. C. jusqu'en 1814.

                                          691. Rol. grep. a22[+]

p.

yolle   avec des cartes déchirées

p.

p.

chinot.   696. C. 19 vol. 1812.

Ejusdem Geographia politica. *Ibid.* 1703, *in-*4. *fig. vél.*

686. Géographie de Büsching, avec la suite par Ebeling. *Hambourg,* 1770 et 1794, 10 *tom. en* 15 *vol. in-*8. *parch. en allemand.*

687. Nouvelle Géographie universelle, par Guthrie, trad. de l'anglois. *Paris,* 1802, 9 *tom. rel. en* 7 *vol. in-*8. *dem. rel. et atlas in-fol. cart.*

688. Géographie de l'Asie, par A. C. Borheck. *Dusseldorf,* 1792, 3 *vol. in-*8. *dem. rel. en allem.*

689. Magasin pour l'Histoire et la Géographie modernes, par Büsching. *Hambourg,* 1767, 22 *vol. in-*4. *dem. rel.* = Le nouveau Magasin, etc. faisant suite au précédent, par Canzler. *Leipzig,* 1790, *in-*4. *dem. rel. en allemand.*

690. Ephémérides géographiques, publiées par Gaspari et Bertuch, tomes 9 à 28 inclus. *Weimar,* 1802 *et années suiv.* 20 *vol. in-*8. *fig. dem. rel. en allemand.*

691. Nouvelles Annales des Voyages, de la Géographie et de l'Histoire, par MM. Eyriès et Malte-Brun. *Paris,* 1819 *et années suiv.* 24 *vol. in-*8. *fig. dem. rel.*

Atlas généraux et Cartes.

692. Atlas général de Samson. *Amsterdam,* 2 *vol. in-fol. max. v. m. dent. color.*

693. Atlas universel, par Robert de Vaugondy. *Paris,* 1757, *in-fol. max. cart.* — — — — — —

694. Atlas général, par A. C. Gaspari. *Weimar,* 1804, *in-fol. max. dem. rel. color. en allemand.*

695. Atlas portatif à l'usage des militaires et du voyageur. *Paris, Le Rouge, in-*4. *v. b.* = L'Indicateur fidèle, ou Guide du voyageur, par Michel. *Paris,* 1764, *in-*4. *v. b.*

696. Theatrum Europæum, auct. J. P. Abelino,

cum figuris Matthæi Merian, germanice. *Francof.* 1662, 21 *vol. in-fol. v. b.*

697. Nouvel Atlas de la France par départemens, par Chanlaire. *Paris*, 1802, *in-4. obl. dem. rel.*

698. Cartes des Pays-Bas et des frontières de France, avec les plans des villes, siéges et batailles données entre les hauts alliés et la France. *Bruxelles*, 1712, *in-fol. v.* = Atlas de Homann en 26 cartes. 1754, *in-fol. v. b.*

699. Carte chorographique de la Belgique en 69 feuilles, d'après celle de Ferraris. *Paris*, *an* IV, (1796,) *in-fol. obl. dem. rel.*

700. Atlas de la Pologne, par Rizzi Zannoni. 1772, *in-fol. en feuilles.*

701. Atlas de Russie, en allemand. *Pétersbourg*, 1745, *in-fol. max. dem. rel.*

702. Atlas géographique, statist. histor. et chronologique des deux Amériques et des îles adjacentes, par J. A. Buchon. *Paris*, 1825, *in-fol. max. dem. rel.*

VOYAGES.

Voyages faits en différentes parties de la terre.

703. Voyages de Néarque des bouches de l'Indus jusqu'à l'Euphrate, trad. de l'angl. de W. Vincent. *Paris, an* VIII, (1800,) *in-4. fig. br.*

704. Histoire générale des Voyages, par l'abbé Prevost. *Dresde*, 1747, *et Paris*, 76 *vol. in-12. fig. v. b. et v. m.*
Il manque les tomes 15, 42 et 52.

705. Nouvelle histoire des Voyages. *Francfort*, 1748, 33 *vol. in-4. fig. br. en cart.*
Il manque le tome 15.

706. Collection des grands Voyages, fig. de Théodore de Bry. 1591, *in-fol. cart. fig. coloriées.*
Il n'y a que la seconde, la troisième et la quatrième parties.
Il y manque des feuillets et plusieurs sont déchirés.

yor. Bron. hit

P.
Klaproth

P.

Le tellier

Klaproth

Dalin

Dalin

abin

709. liv.

Marq. le sept.   710. Bron.

Lefevre

Datin

719. liv.

Lefevre - gaté

fayolle

Lefevre

chimet.

707. Nouveau recueil de Voyages curieux. *Franc-fort, 1748, in-4. fig. bas. en allemand.*

708. Recueil de Voyages et de Mémoires, publié par la Société de Géographie. *Paris, 1824, in-4. br. le tome 1er.*

709. Histoire des Naufrages, par Deperthes, augmentée par Eyriès. *Paris, 1821, 3 vol. in-12. br.*

710. Voyage autour du Monde, par G. Anson, trad. de l'angl. *Amst. 1749, in-4. fig. v. m.*

711. Relation des Voyages entrepris pour faire des découvertes dans l'hémisphère méridional, par Byron, Carteret, Wallis et Cook, trad. de l'angl. de J. Hawkesworth, (par Suard.) *Paris, 1774, 4 vol. in-4. fig. v. m.*

712. Voyage dans l'hémisphère austral et autour du Monde, fait en 1772 à 1775, par le cap. Cook, trad. de l'anglais, (par Suard.) *Paris, 1778, 5 vol. in-4. fig. v. m.*

713. Voyages de Rabbi Benjamin, en Europe, en Asie, en Afrique, trad. de l'hébreu. *Amst. 1734, 2 tom. en 1 vol. in-12. v. b.*

714. Voyages de Vincent le Blanc, en Europe, Asie, Afrique et Amérique, en hollandais. *Amst. 1654, in-4. fig. vel.* = Voyages de Marco Paulo, en holl. *Amst. 1664, in-4. dem. rel.*

715. Discours et Histoire véritable des Navigations, Pérégrinations, etc. faits en la Turquie, par Nicolas de Nicolay. *Anvers, 1586, in-4. fig. v. b.*

716. Le Navigationi et Viaggi nella Turchia, di Nicolo de Nicolai, tradotti di francese. *In Anversa, 1576, in-4. fig. vel.*

717. Voyages de Monconys. *Paris, 1695, 2 vol. in-12. fig. v. b.*

718. Voyage de Pietro della Valle, dans la Turquie, l'Egypte, la Palestine, etc. *Paris, 1745, 8 vol. in-12. fig. v. m.*

719. Voyages de A. de la Motraye en Europe, Asie,

et Afrique. *La Haye*, 1727 *et* 1732 , 3 *vol. in-fol. fig. v. m.*

720. Voyage au Levant , par Corneille le Bruyn, en hollandais. *Delft*, 1698 , *in-fol. fig. v. b.*

721. Itinéraire de Paris à Jérusalem, et de Jérusalem à Paris, par M. F. A. de Châteaubriand. *Paris*, 1811 , 3 *vol. in-8. dem. rel.*

722. Voyage dans le Levant en 1817 et 1818 , par M. le comte de Forbin. *Paris*, 1819 , *in-8. dem. rel.*

Voyages en Europe.

723. Voyages curieux en Saxe, en Hollande et en Angleterre, par Z. C. de Uffenbach. *Francfort*, 1753, 3 *vol. in-8. fig. v. m. en allemand.*

724. Voyage dans le Finistère, ou état de ce département, en 1794 et 1795. *Paris, an* VII, (1799,) 3 *vol. in-8. fig. br.*

725. J. Tollii insignia itinerarii Italici, quibus contin. antiquit. sacræ. *Traj. ad. Rhen.* 1696, *in-4. vel.*

726. Voyage en Savoie, en Piémont, à Nice, etc. par Millin. *Paris*, 1816, 2 *vol. in-8. dem. rel.* = Voyage dans le Milanais, à Plaisance, Parme, etc. par le même. *Paris*, 1817, 2 *vol. in-8. dem. rel.*

727. Relazione d'alcuni Viaggi fatti in Toscana, dal dot. G. Targioni Tozzetti. *In Firenze*, 1768, 4 *vol. in-8. fig. v. f.*

728. Relation du Voyage de S. M. britannique en Hollande, en 1691. *La Haye*, 1692, *in-fol. fig. cart.*

729. Itineraria Alpina, auth. J. J. Scheuchzero. *Londini*, 1708, *in-4. fig. dem. rel.*

730. Itinera per Helvetiæ Alpinas regiones facta, a J. J. Scheuchzero. *Lugd. Bat.* 1723, 4 *tom. en* 2 *vol. in-4. fig. dem. rel.*

731. Voyage d'Espagne. *Cologne, P. Marteau*, 1666, *in-12. bas.*

p.

merlin

limont

. chimot

limont

tellier

p

p.

p.

Rancan

p.

p.

tibias

Merlin

p.

Rousseau

Dabin

Merlin   739. Byron.

                741. Luy.

                742. Luch. mz⁺

p.
M. Royer.

732. Voyage en différentes parties de l'Angleterre, par W. Gilpin, trad. de l'angl. *Paris*, 1789, 2 *vol. in-8. fig. v. éc.*

733. Voyage pittoresque de Scandinavie, (par de Saint-Morys.) *Paris*, *in-4. br.* 24 *fig. à l'aquatinta.*

734. Iter in Moschoviam Aug. de Mayerberg anno 1661. *In-fol. vél.*

Voyages en Asie, etc.

735. Voyage dans l'île de Chypre, la Syrie et la Palestine, par l'abbé Mariti, trad. de l'italien. *Neuwied*, 1791, 2 *vol. in-12. dem. rel.*

736. Voyage en Arménie et en Perse, en 1805 et 1806, par A. Jaubert. *Paris*, 1821, *in-8. fig. dem. rel.*

737. Recueil de questions proposées à une société de savans qui font le voyage de l'Arabie, par Michaelis. *Amst.* 1774. = Description de l'Arabie, par Niebuhr. *Amst.* 1774, 2 *tom. en* 1 *vol. in-4. fig. v. m.*

738. Voyages de Chardin en Perse. *Paris*, 1723, 10 *tom. en* 5 *vol. in-12. fig. vél.*

739. Voyage à la Nouvelle-Guinée, par Sonnerat. *Paris*, 1776, *in-4. fig. v. éc.*

740. Voyage d'Egypte et de Nubie, par F. L. Norden. *Paris*, 1795, 3 *vol. in-4. fig. dem. rel.*

741. Voyage de la France équinoxiale, en l'île de Cayenne en 1652, par A. Biet. *Paris*, 1664, *in-4. v. b.*

Chronologie.

742. Eusebii chronicon. *Venet.* 1483, *in-4. dem. rel.*

743. Sigeberti Chronicon ab anno 381, ad ann. 1113. *Excud. H. Stephanus*, 1513, *in-4. vel.*

744. Liber Chronicarum, (per Hartman Schedel.)

Nurembergæ, 1493, *in-fol. goth. fig. en bois. dem. rel.*

Il y manque quelques feuillets.

745. Annales sacri et profani, ab orbe condito, auct. A. Torniello. *Francof.* 1616, *in-fol. dem. rel.*

746. F. L. Dextri Chronicon omnimodæ historiæ, studio F. Bivarii. *Lugd.* 1627, *in-fol. v. b.*

747. Annalium mundi universalium libri xiv, auct. H. Robinson. *Londini*, 1677, *in-fol. vel.*

748. Annalium ab orbe condito usque ad Darium Persarum regem lib. vi, auct. J. Leenaerts. *Amst.* 1746, *in4. dem. rel.*

749. H. Gygantis Flores temporum, seu chronicon universale, ab orbe condito, ad annum 1349. *Lugd. Bat.* 1743, *in-4. vel.*

750. Chronica Joan. Naucleri, ab initio mundi, usque ad annum 1400. *Colon. Agripp.* 1675, *in-fol. bas.*

751. Chronologia, hoc est temporum demonstratio ab initio mundi, usque ad ann. 1568, auct. G. Mercatore. *Colon. Agripp.* 1569, *in-fol. vél.*

752. L'Art de vérifier les dates des faits historiques, des chartes, etc. par des Bénédictins. *Paris*, 1750, *in-4. v. m.*

Histoire universelle générale.

753. Introduction à l'Histoire génér. et polit. de l'univers, par de Puffendorff. *Amst.* 1743, 8 *vol. in 12. v. m.* = Histoire de Suède, par le même. *Amst.* 1748, 3 *vol. in-12. v. m.*

754. M. Z. Boxhornii Historia univ. sacra et profana. *Lugd. Bat.* 1652, *in-4. vél.*

755. Protheus historicus, sive Hist. univers. sacræ et profanæ decades sex, auct. J. J. Ketteler. *Colon. Agripp.* 1723, 3 *vol. in-12. bas.*

756. Histoire universelle, sacrée et profane, par

p.

chimot

idem

p.

p.

LaRoque aîné.

p.

tellier

avec un vulgate.

758. C.

759. Letr.

Tellier

La Roguéaini
idem

il manque plusieurs titres, et il y a un vol. brulé,
et d'autres salés.

Merlino
Kiliano

Tellier

chinot

cluel

D. Aug. Calmet. *Strasbourg,* 1735, 8 *vol. in-*4. *bas.*

757. Histoire universelle, depuis le commencement du monde jusqu'à présent, trad. de l'angl. par une société de gens de lettres. *Amst.* 1770, 46 *vol. in-*4. *fig. v. m.*
   Il manque les tomes 42, 43 et 46.

758. Histoire universelle générale, par Hagelgantz. *Francfort,* 1751, 2 *tom. en* 1 *vol. in-fol. fig. vél. en allemand.*

759. Manuel d'Histoire universelle, par Gatterer. *Goettingue,* 1765, 2 *vol. in-*8. *dem. rel. en allem.*

760. Elémens d'Histoire générale, par Millot, en allemand, trad. par Christiani. *Leipzig,* 1777, 12 *tom. rel. en* 11 *vol. in-*8. *dem. rel.*

761. Tableau historique des nations, par Jondot. *Paris,* 1808, 4 *vol. in-*8. *dem. rel.*

762. Ephémérides politiques, littéraires et religieuses, par MM. Noel et Planche. *Paris,* 1812, 12 *tom. en* 6 *vol. in-*8. *cart.*

Histoire universelle de certains temps et de certains lieux.

763. Corpus historicum medii ævi, editum a J. G. Eccardo. *Francof.* 1743, 2 *vol. in-fol. bas.*

764. Plan d'une Histoire des Etats de l'Europe, par Spittler. *Berlin,* 1793, 2 *vol. in-*8. *dem. rel. en allemand.*

765. Introduction à la statistique générale et particulière de l'Europe, par Toze. *Schwerin,* 1790, 2 *vol. in-*8. *br. en allemand.*

766. Theatrum historicum, ou Relation historique des événemens remarquables arrivés en Europe depuis l'an 1517 jusqu'en 1543, par N. Helvic. *Francfort,* 1648, *in-fol. fig. rel. en bois. en allemand.*

767. OEuvres de J. Sleidan, trad. de l'angl. *La Haye,* 1767, 3 *vol. in-*4. *dem. rel.*

768. J. C. Bulengeri Historiarum sui temporis lib. XIII. *Lugd.* 1619, *in-fol. vél.*

769. Clavis Historiæ Thuanæ. *Ratisponæ*, 1696, *in-4. vél.*

770. Portraits des souverains qui ont régné depuis la naissance de l'empereur Ferdinand II jusqu'à sa mort, avec des notices biographiques. *Leipzig*, 1721, 2 *vol. in-fol. bas. en allemand.*

771. Tableau des Révolutions du système politique de l'Europe, par M. F. Ancillon. *Paris*, 1806, 7 *vol. in-12. br.*

772. L'Europe en désordre, ou Histoire de toutes les guerres arrivées en Europe depuis 1664 jusqu'en 1682, par P. Walkenier. *Amsterdam*, 1677, 10 *tom. en* 2 *vol. in-fol. fig. vél. en allemand.*

773. Etat politique de l'Europe. *La Haye*, 1742, 13 *vol. in-12. v. m.*

774. Mémoires pour servir à l'Histoire du XVIIIᵉ siècle, par de Lamberty. *La Haye*, 1731, 14 *vol. in-4. v. m.*

775. Lettres, Mémoires et Négociations du comte d'Estrades. *Londres*, 1743, 10 *vol. in-12. v. m.*

776. Magasin pour l'Histoire politique et ecclésiastique, par Le Bret. *Ulm*, 1771, 9 *vol. in-8. dem. rel. en allemand.*

777. Essai d'un Tableau de notre temps. *Berlin*, 1819, 2 *vol. in-8. br. en allemand.*

778. Amusemens diplomatiques et historiques, publiés par Fr. C. Moser. *Francfort*, 1753, 5 *tom. en* 3 *vol. in-12. bas. en allemand.*

779. Ouvrages historiques, diplomatiques, etc. de J. C. Lunig, en lat. et en allemand. *Leipsig*, 1713 *et ann. suiv.* 40 *vol. in-fol. v. b.*

780. Ponti Heuteri Delfii Opera historica omnia Burgundica, Austriaca, Belgica. *Lovanii*, 1643, *in-fol. vél.*

781. Variæ M. Zeilleri topographiæ, scilicet: Italia,

771. Bron. aat

774. imp. 10. vol.

781. imp.

malafait—
idem
tellier

tellier
cluid

Merlin
LaRoque ainé

tellier
cluid
idem

p.

783. ins.

Dabin

Mlle Hodot

Dabin

Cluid

Offard

Dabin

Dabin Rousseau

Decoustieres.

Helvetia, Provinciæ Austriacæ, Saxonia, etc. germanice et latine. *Francofurti, Matthæus Meria-
nus, 1642 et ann. seq. 8 vol. in-fol. fig. v. b.* ==
Table de la Topographie de Zeiller. *Francfort,
1726, in-fol. bas. en allemand.*

782. J. Chr. Wagneri Delineatio provinciarum
Pannoniæ et imperii Turcici in Oriente. *Augsbourg, 1685, in-fol. fig. vél. en allemand.*

783. Historia rerum Britannicarum ut et mul-
tarum Francicarum, Belgic. etc. auct. R. Jonhs-
tono. *Amst. 1655, in-fol. vél.*

784. Suecia, sive de Suecorum regis dominiis
comment. *Lugd. Bat. ex officina Elzevir. 1631,
in-18. vel. et 12 autres vol. des mêmes petites ré-
publiques.*

Histoire ecclésiastique générale, etc.

785. Severi Sulpicii vita sancti Martini, et alia
opuscula. *In-8. goth. v. b. Manuscrit sur Vélin.*
On lit au milieu du volume la note suivante : *Scriptum Coloniæ per Wilhelm. Hamer, 1448.*

786. Sulpicii Severi Opera omnia, ex receus. J.
Clerici. *Lipsiæ, 1709, 2 tom. en 1 vol, in-12. v. f.*

787. Annales ecclesiastici, auct. C. Baronio. *Antuerp. 1610, 12 vol. in-fol. vél.*
Il manque le tome XI.

788. Nat. Alexandri Historia ecclesiastica Vet. No-
vique Testamenti. *Parisiis, 1699, 8 vol. in-fol. v. b.*

789. Histoire ecclésiastique, par Fleury. *Paris,
1750, 37 vol. in-4. v. m.*

790. Historia ecclesiastica, cum parallelismo profanæ, in qua Conclavia pontif. roman. aperiun-
tur, et sectæ omnes recensentur, auct. J. W.
Jaegero. *Hamburgi, 1709, in-fol. vél.* — — —

791. Histoire ecclésiastique anc. et mod. trad. du
latin de Mosheim. *Maestricht, 1776, 6 vol. in-8.
v. m.* — — — — — — — — — — —

E

792. Abrégé de l'Histoire ecclésiastique, par L. Racine. *Cologne*, 1752, 13 *vol. in-12. dem. rel.*

793. Histoire de l'Eglise et de l'Empire, par Le Sueur. *Genève,* 1679, 8 *vol. in-4. dem. rel.*

794. Histoire de la Religion de Jésus-Christ, par le comte de Stolberg. *Hambourg,* 1806, 7 *tom. en* 8 *vol. in-8. br. en allemand.*

Histoire ecclésiastique d'Italie, etc.

795. Italia sacra, sive de episcopis Italiæ, et insul. adjacent. rebusque ab iis præclare gestis, etc. auct. F. Ughello, curante N. Coleti. *Venet.* 1717, 8 *tom. en* 7 *vol. in-fol. cart.*

796. Sicilia sacra, disquisitionibus et not. illustr. auct. D. Roccho Pirro. *Panormi,* 1733, 2 *vol. in-fol. dem. rel.*

797. B. Pezii thesaurus Anecdotorum novissimus, seu vet. monument. præcipue ecclesiastic. ex Germania, collectio. *August. Vindelic.* 1721, 5 *vol. in-fol. bas.*

798. Hierarchia Augustana, chronologica, id est series et descriptio Augustanorum episcoporum, decanorum, etc. Augustanæ eccles. cathedralis, auct. P. Corbiniano Khamm. *Augusti,* 1709, 3 *vol. in-4. fig. v. b.*

799. Basilica SS. Udalrici et Afræ Augustæ Vindelic. historice descripta, auct. B. Hertfelder. *Aug. Vindel.* 1627, *in-fol. fig. v. b.*

800. Hundii metropolis Salisburgensis. *Ratisponæ,* 1719, 3 *tom. en* 1 *vol. in-fol. fig. v. b.*

801. Kleinsorgii Historia ecclesiastica Westphaliæ. 2 *vol. in-fol. vél. en allemand.*
Manuscrit sur papier.

802. Historia episcopatus Wormatiensis, auct. J. F. Schannat. *Francof. ad Mœn.* 1734, *in-fol. bas.*

803. Les Historiens de l'évêché de Virtzbourg,

792. of. *

796. luf.

800. C.

Decourtiere

Merlin

~~Dalin~~
Decourtiere

Merlin

Descourtieres

clurd

Le feure

Dalin

805. C. inf.

Mekenie

Decourtiere   avec un 2ᵈ Exemplaire

Dabin

Decourtiere

810. C.

Decourtiere

812. C. inf.

Decourtiere

814. inf.

Decourtiere

publiés et annotés par J. P. Ludewig. *Francfort,* 1713, *in-fol. fig. vél. en allemand.*

804. De Antiquitate Britannicæ ecclesiæ et nominatim de privilegiis ecclesiæ Cantuariensis, etc. *Hanoviæ*, 1605, *in-fol. v. b.*

Histoire des Papes.

805. Breviarium historico-chronolog.-criticum illustriora pontif. Romanorum gesta complectens, auct. F. Pagi. *Antuerp.* 1717, 6 *vol in-4. vél.*

806. Histoire de la papesse Jeanne, tirée du latin de Spanheim. *La Haye*, 1720, 2 *vol. in-12. vél.*

807. Hadrianus VI, sive analecta histor. de Hadriano sexto, papa romano, edente C. Burmanno. *Traj. ad Rhen.* 1727, *in-4. fig. vél.*

808. L'Histoire de la vie du pape Sixte v. *Suiv. la copie impr. à Paris*, 1685, 2 *tom. en* 1 *vol. in-12. v. b. avec la sphère.*

Histoire monastique et des Ordres religieux, etc.

809. Annales ordinis s. Benedicti, studio J. Mabillon. *Paris.* 1703, 6 *vol. in-fol. v. b.*
Il manque le tome 1er.

810. Cistercium bis tertium, seu historia elogialis ordinis Cisterciensis, etc. auct. A. Sartorio. *Vetero-Pragæ*, 1700, *in-fol. fig. dem. rel.*

811. Flores Seraphici, sive icones, vitæ et gesta virorum illust. ord. fratrum minorum S. Francisci capucinorum, auct. C. de Arembergh. *Colon. Agripp.* 1640, *in-fol. fig. v. b.*

812. Annales Austrio-Clara-Vallenses, seu fundationis monasterii Claræ Vallis Austriæ, etc. auct. B. Linck. *Viennæ Aust.* 1723, 2 *vol. in-fol. fig. v. b.*

813. Joan. Trithemii annales Hirsaugienses. *In monasterio sancti Galli*, 1690, 2 *vol. in-fol. bas.*

814. Chronicon monasterii Reicherspergensis,

E ij

in Baioaria, collect. per C. Gevvoldum. *Monachii*, 1611, *in-4. v. b.* = H. de Lerbeke chronicon com. Schavvenburgensium. *Francof.* 1620, *in-4. vél.*

815. Historia monasterii Wessofontani, illustr. historiam Bavarorum universalem et particul. auct. P. C. Leutner. *Aug. Vindel.* 1753, *in-4. bas.*

816. Codex traditionum Corbeiensium, edente J. F. Falke. *Lipsiæ*, 1752, *in-fol. fig. v. b.*

817. Histoire générale de la naissance, des progrès et de la destruction de la compagnie de Jésus en France. 1763, 5 *vol. in-12. dem. rel.*

818. Annus secularis societatis Jesu. 1640, *in-4. fig. vél.*

819. Le Catéchisme des Jésuites, ou examen de leur doctrine. *Villefranche*, 1602, *in-8. v. b.*

820. La Doctrine des Jésuites et nouveaux casuistes, combattue par les curés de France, et censurée par grand nombre de prélats, et par des facultés de théologie catholique. 1659, 3 *part. en 2 vol. in-12. v. b.*

821. La morale pratique des Jésuites représentée en plusieurs histoires arrivées dans toutes les parties du monde. *Cologne*, 1669, *in-12. v. b.*

822. La Théologie morale des Jésuites et nouveaux casuistes représentée par leur pratique, et par leurs livres, etc. *Cologne*, 1699, 6 *tom.* en 4 *vol. in-12. v. b.*

823. La Morale des Jésuites extraite fidèlement de leurs livres imprimés, avec la permission et l'approbation des supérieurs de la compagnie, par un docteur de Sorbonne. *Mons*, 1702, 5 *vol. in-12. v. b.*

824. La politique des Jésuites, par L. de Monpersan. *Cologne*, *Marteau*, 1692, *in-12. br.* = Lettres d'un docteur de l'ordre de saint Domi-

815. C.

816. ìng.
817. dru.

818. dru.
819. dru.
820. dru.

821. dru.

822. dru.

823. dru.

824. dru.

825. dru.

826. dru.

827. dru.

828. dru.

829. dru,

830. dru.

nique, sur les cérémonies de la Chine, au R. P.
Le Comte, de la compagnie de Jésus. *Cologne,*
1700, *in-12. v. b.*

825. Le Cabinet jésuitique, contenant plusieurs
pièces très curieuses des RR. PP. Jésuites. *Cologne.* = Les Enluminures du fameux Alma-
nach des Jésuites. *Liége,* 1683, *in-12. v. b.*

826. Les Jésuites mis sur l'Eschafaut, pour plusieurs crimes capitaux par eux commis dans la
province de Guienne, avec la réponse aux ca-
lomnies de Jacq. Beaufis, par P. Jarrige, ci-de-
vant Jésuite. *Leide,* 1648. = La monarchie des
Solipses, trad. du lat. de Melch. Inchofer, Jésuite.
Amst. 1721, *in-12. v. b.*

827. Le Jésuite sécularisé. *Cologne,* 1683. = L'Ho-
roscope des Jésuites, ou l'on découvre combien
ils doivent durer et de quelle manière ils doivent cependant tourmenter les hommes. *Amst.*
1691, *in-12. v. b.*

828. Le Jésuite à tout faire, histoire galante. *Liége,*
1700. = Onguant pour la brûlure, ou le Secret
pour empêcher les Jésuites de brûler les livres,
en vers. *Cologne, P. du Marteau,* 1669. = L'Art
d'assassiner les rois, enseigné par les Jésuites à
Louis xiv, et Jacques ii, où l'on découvre le
secret de la dernière conspiration formée à
Versailles, le 3 de septembre 1695, contre la vie
de Guillaume iii, et découverte à Withall, le 2
mars, 1696. *Londres,* 1696, *in-12. v. b.*

829. Le Philosophisme des Jésuites de Marseille,
en deux part. *Avignon,* 1692, *in 8. vél.* = Remarques sur un écrit intitulé : Compte rendu
des Constitutions des Jésuites, par M. de la Cha-
lotais. *In-12. dem. rel.*

830. Parallèle de la doctrine des Payens avec celle
des Jésuites, et de la Constitution du pape Clément xi, qui commence par ces mots : *Unigenitus*

Dei filius, etc. *Amst.* 1726. = Les Mystères les plus secrets des Jésuites contenus en diverses pièces originales. *Cologne,* 1727, *in-12. v. b.*

831. Justa et extorta defensio patrum colleg. societatis Jesu, Coloniæ, contra depositiones quasdam per urbem et regiones adjacent. sparsas. *Colon. Agrip.* 1734. = Canis non mutus, ad latrandum incitatus, adversus fabulam Patrum S. J. Colon. sive justa retorsio Patrum Dominic. Colon. adversus Libellum intitulatum justa et extorta defensio, etc. *Colon.* 1736, *in-12. dem. rel.*

832. Relation abrégée concernant la république que les religieux nommés Jésuites, des provinces de Portugal et d'Espagne, ont établie dans les pays d'outremer de ces deux monarchies, et de la guerre qu'ils y ont excitée contre les armées espagnoles et portugaises, etc. trad. du portugais. 1758, *in-12. br.* = Réflexions d'un Portugais sur le Mémoire du R. P. général des Jésuites présenté au pape Clément xiii, trad. en franç. *Londres,* 1760, *in-12. br.*

833. Histoire des chevaliers de l'ordre Teutonique, par J. C. Venator. *Nuremberg,* 1680, *in-4. fig. bas. en allemand.*

834. Vellus aureum Burgundo-austriacum, auct. Insprugger. *Viennæ Aust.* 1728, *in-fol. fig. cart.* = Chronique de Habsbourg, en allemand. *Marpurg,* 1631, *in-fol. fig. cart.*

835. Histoire de l'ordre de Saint-Louis. *Paris,* 1780, 3 *vol. in-8. v. éc.*

Histoire sainte. Vies des Saints, etc.

836. Martyrologium romanum jussu Gregorii xiii editum. *Colon. Agrip.* 1751, *in-4. v. b.*

837. Les Vies des Saints, par le R. P. François Giry. *Paris,* 1719, 3 *vol. in-fol. v. b.*

831. Irn. C.

832. Irn.

p.

avec 2 vol- de portraits des electeurs
de Brandebourg.   p.

Decontieve

pierre

Colas.

Decourtiens.

840. C.

Martin

Nicolas

Le Comte

Colas

Datin
Balardy.

Feverdu imparfait

847. C.

Malafait

849. C.

838. Oraculum anachoreticum, cum fig. R. Sadeleri. 1620, *in-fol. obl. dem. rel.*

839. Vita s. Beggæ ducissæ Brabantiæ, Begginarum, et Beggardorum fundatricis, auct. J. G. a Ryckel. *Lovanii,* 1631 , *in-4. fig. v. b.*

840. Vita almæ Virginis Ludwine, per vener. fr. Joan. Brugman composita. *In-4. goth. fig. en bois. non rel.*

841. Vita Beati Ignatii Loyolæ, societatis Jesu fundatoris. *Romæ*, 1609, *in-8. fig. v. b.*

842. Vita e ratti di Santa Maria Maddalena de Pazzi. *In Lucca*, 1716, 2 *vol. in-4. v. b.*

843. Roma sotterranea, di A. Bosio. *In Roma*, 1650, *in-4. fig. vél.*

Histoire des religions, etc.

844. Les Religions du Monde, par Alex. Ross, et trad. par T. Lagrue. *Amst.* 1666, *in-4. fig. vél.*

845. Cérémonies et Coutumes religieuses de tous les peuples du Monde, représentées par des figures dessinées par B. Picart. *Amst.* 1723, 6 *vol. in-fol. bas.* Savoir : Juifs et Catholiques , 2 *vol.* = Idolâtres, 2 *vol.* = Grecs et Protestans, 1 *vol.* = Anglicans, 1 *vol.*

846. Cérémonies et Coutumes religieuses de tous les peuples du Monde, représentées en figures par B. Picart. *Paris*, 1783 , 4 *tom. en* 2 *vol. in-fol. fig. cart.*

847. Histoire des Anabaptistes de Munster, traduite sur un manuscrit latin de Hermann de Kerssenbroëk. 1771 , *in-4. fig. vél. en allemand.*

848. Ph. à Limborch Historia Inquisitionis. *Amst.* 1692, *in-fol. fig. vél.*

HISTOIRE DES MONARCHIES ANCIENNES.

Histoire des Juifs, etc.

849. Epitome histor. chronol. gestorum omnium patriarcharum , ducum, judicum, regum, et

pontificum populi hebraici, auct. B. Gaio. *Romæ,* 1751, *in-fol. fig. dem. rel.*

850. Universa Historia profana, auct. J. Goutoulas. *Paris.* 1653, 2 *vol. in-fol. vél.*

851. Theatrum histor. in quo iv monarchiæ, nempe Babylonorum, Medorum et Persarum, Græcorum et Romanorum describuntur, auct. C. Matthiæ. *Amst. D. Elzev.* 1668, *in-4. vel.*

852. Chronique historique des 4 monarchies depuis la création du monde jusqu'en l'an 1750, par J. L. Gottfried, avec un grand nombre de figures et portraits gravés par Mérian. *Francfort,* 1743 à 1750, 3 *vol. in-fol. bas. en allemand.*

853. Réflexions sur l'origine, l'histoire et la succession des anciens peuples chaldéens, hébreux, etc. par Fourmont. *Paris,* 1747, 2 *vol. in-4. v. f.*

854. De gentium aliquot migrationibus, sedibus fixis, reliquiis, linguarumque initiis, lib. xii, auct. W. Lazio. *Francof.* 1600, *in-fol. rel. en peau.*

855. Selectæ antiquit. lib. xii, de gestis primævis, item de origine gentium nationumque migrationibus, etc. auct. C. P. de Waldenfels. *Norimbergæ,* 1677, *in-4. dem. rel.*

856. Histoire ancienne des Égyptiens, des Carthaginois, etc. par Rollin. *Paris,* 1748, 14 *vol. in-12. v. m.*

Histoire grecque.

857. Pausanias, ou Voyage hist. de la Grèce, trad. du grec, par Gedoyn. *Paris,* 1797, 4 *tom. en* 2 *vol. in-8. dem. rel.*

858. J. Palmerii Græciæ antiq. descriptio. *Lugd. Bat.* 1678. = J. Lomeieri de vet. Gentilium lustrationibus syntagma. *Zutphaniæ,* 1700, *in-4. vél.*

p.
p.

852. C.

chimet.

855. env.

Merlin

idem

Martin

Colas

459. of. *
a-atlas fol.

Merlin

Le Comte

Colas

864. C. of. *

p.

martin

Dubin

Labitte

Colas

idem

idem .

Merlin

859. Voyage du jeune Anacharsis en Grèce, par J. J. Barthelemy. *Paris, Didot jeune, l'an* VII, (1799,) *7 vol. in-4. dem. rel. dos de m. Pap. Vél.*

860. Histoire de Thucydide, trad. du grec, par P. C. Levesque. *Paris*, 1795, 4 *tom. en* 2 *vol. in-8. dem. rel.*

861. Historicarum commemorationum rerum græcarum lib. duo, auct. W. Lazio. *Hanov.* 1605, *in-fol. vél.*

862. Histoire de la Grèce, trad. de plusieurs auteurs anglois, par Leuliette. *Paris*, 1812, 2 *vol. in-8. dem. rel.*

863. G. Postelli de magistratibus Atheniensium liber. *Paris.* 1541, *in-4. vél.*

864. Topography illustrative of the battle of Platæa, by J. Spencer Stanhope. *London*, 1817, *in-8. et atlas in-fol. obl. cart.*

Histoire romaine, etc.

865. Historiæ romanæ scriptores latini vet. qui extant omnes, in unum redacti corpus. *Aurelianæ*, 1623, *in-fol. vél.*

866 .Scriptores historiæ romanæ latini vet. qui extant omnes, cum notis, edente B. C. Haurisio. *Heidelbergæ*, 1743, 3 *vol. in-fol. fig. dem. rel.*

867. C. Cr. Sallustius, curante J. P. Millero. *Berolini*, 1751. = Justini historiæ. *Berol.* 1748, *in-12.* *v. f.* = Velleius Paterculus, curante J. P. Millero. *Berol.* 1756, *in-12. v. f.*

868. C. C. Sallustius, edente F. G. Pottier. *Paris.* 1823, *in-8. br. Pap. Vél.*

869. C. Jul. Cæsaris comment. edente fr. Oudendorpio. *Lugd. Bat.* 1740, *in-12. v. f.*

870. C. J. Cæsaris comment. *Glasguæ*, 1750, *in-fol. v. b.*

871. Icones Livianæ, præcipuas romanorum historias repræsentantes, succinctis versibus illustr.

per P. Lonicerum. *Francof. ad Mœn.* 1572, *in-*4. *obl. vél.*

2 - 50   872. C. Corn. Taciti Opera, ex recens. J. A. Ernesti. *Berolini*, 1770, *in-*12. *v. f.* = Valerius Maximus, curante J. P. Millero. *Berolini*, 1753, *in-*12. *v. f.*

11 - 60   873. OEuvres de Tacite, en lat. et en franç. trad. par Dotteville. *Paris*, 1799, 7 *vol. in-*8. *bas.*

2 - 40   874. S. Aurelii Victoris historia romana, ex recens. J. Gruneri. *Coburgi*, 1757, *in-*12. *v. f.*=C. Suetonii Tranquilli Opera, edente J. P. Millero. *Berolini*, 1762, *in* 12. *v. f.*

3 - -   875. Eutropii breviarium historiæ romanæ. *Parisiis, Barbou*, 1754, *in-*12, *v. f.* = Q. Curtii Rufi de rebus gentis Alexandri Magni libri decem. *Parisiis, Barbou*, 1757, *in-*12. *v.f.*

1 - 50   876. Ammianus Marcellinus, cum annot. H. Valesii. *Parisiis*, 1636, *in-*4. *vel.*

. 8 - —   877. Ammiani Marcellini rerum gestarum lib. qui supersunt, curante A. G. Ernesti. *Lipsiæ*, 1773, *in-*8. *v. f.*

10 - 5   878. Histoire romaine, par le P. Catrou. *Paris*, 1748, 20 *vol. in-*12. *fig. v. m.*

6 - —   879. Histoire de la guerre des Bataves et des Romains, d'après César, Tacite, par le marquis de Saint-Simon. 1770, *in-fol. fig. dem. rel.*

2 - —   880. Historiæ augustæ scriptores latini minores, curante J. Grutero. *Hanov.* 1611, *in-fol. vél.*

25 - —   881. Historiæ augustæ scriptores, cum not. var. *Lugd. Bat.* 1671, 2 *vol. in-*8. *v. f.*

4 - 95   882. Genealogicon romanum, de familiis præcip. regum, principum, imperatorum, etc. imperii romani, studio E. Reusneri Leorini. *Francof.* 1589, *in-fol. vél.*

883. J. Cuspiniani de Cæsaribus, atque imperat. romanis opus, edente W. Hungero. *Francof.* 1601, *in-fol. vél.*

Colas

Dabin

Colas.

Dem

chimet.

877. Luch, $x^{t}y$ gveg. ait

Dabin

martin

p.

881. goe. ae^{t}

galliot.

clurd.

884. C.

885. of.

tellier

cluid

888. of.

meolino.

idem

idem

891. luch. ah+

reverdon imparfait

p.

893. Byron.

cluid

884. Veterum scriptorum qui Cæsarum et imperat. romanorum res per aliquot sæcula gestas litteris mandarunt, tomus unus, editus a P. Reubero, curante G. C. Joannis. *Francof. ad Mœn.* 1726, *in-fol. bas.*

885. Mémoires de la cour d'Auguste, trad. de l'angl. de Th. Blackwell et de J. Mills. *Paris,* 1768, 3 *vol. in-12. bas.*

886. Les Impératrices romaines, ou Histoire de la vie et des intrigues secrètes des femmes des douze Césars, par de Serviez. *Paris,* 1744, 3 *vol. in-12. v. m.*

887. J. C. Bulingeri de imperatore et imperio romano lib. xii. *Lugduni,* 1618, *in-fol. v. b.*

888. Voyage de Polyclète, ou Lettres romaines, par de Théis. *Paris,* 1821, 3 *vol. in-8. br.*

889. J. Zonaræ annales, gr. et lat. edente du Cange. *Parisiis, e Typ. Reg.* 1686, 2 *vol. in-fol. bas.*

890. C. Dufresne, dom. du Cange historia Byzantina. *Paris.* 1680, *in-fol. vél.*

891. Gesta Dei per Francos, sive orientalium expeditionum et regni Francorum hierosolymitani historia, ex recens. J. Bongarsii. *Hanoviæ,* 1611, *in-fol. v. b. vd.*

892. Histoire de la Décadence de l'empire romain, par Gibbon, trad. de l'anglais, par Wenk. *Francfort,* 1800, 13 *vol. in-12. dem. rel. en allemand.*

HISTOIRE MODERNE.

Histoire d'Italie.

893. S. Maffei origines etruscæ et latinæ : de priscis Italiæ incolis, etc. ex ital. sermone in lat. convertit J. G. Lotterus. *Lipsiæ,* 1731, *in-4. fig. dem. rel.*

894. Thesaurus antiquit. et historiarum Italiæ, auct. J. G. Grævio. *Lugd. Bat.* 1725, 9 *tom. en* 16 *vol. in-fol. fig. bas.*
Plusieurs vol. du commencement sont gâtés par la pourriture.

895. Antiquitates italicæ medii ævi, collectæ a L. A. Muratorio. *Mediolani*, 1738, 6 *vol. in-fol. fig. bas.*

896. Rerum italicarum scriptores præcipui, ex codic. L. A. Muratorius collegit et ordinavit. *Mediolani*, 1723, 25 *tom. en* 28 *vol. in-fol. bas.*

897. Descrizzione di Roma antica e moderna, di B. Marliani, e F. Nardini. *In Roma*, 1708, 2 *vol. in-8. fig. vél.* = Forestiere illuminato intorno le cose più rare della citta di Venezia. *In Venezia*, 1740, *in-8. fig. cart.*

898. A. Sabellici res Venetæ. *Venetiis*, *And. de Torresanis*, 1487, *in-fol. vél.*

899. Chronique des Doges de Venise, par Kellner. *Francfort*, 1574, *in-fol. dem. rel. fig. color. en allemand.*

900. Fasti ducales Venetorum Ducum, studio J. Palatii. *Venet.* 1696, *in-fol. fig. vél.*

901. Histoire de la République de Venise, par B. Nani, trad. de l'ital. *Cologne, P. Marteau, avec la sphère*, 1682, 4 *tom. en* 2 *vol. in-12. fig. v. b.*

902. Ce petit livre traite de la guerre de Venise, et de la perte que cette république a faite de plusieurs villes et chateaux conquis par l'empereur Maximilien, et aussi d'une vieille femme nommée Madunna Venesia. *Petit volume in-4. en allemand, de six feuillets, sans lieu ni date d'impression, avec une figure en bois.*

903. Istoria della Republica di Venezia, in tempo della lega contra Maometo IV, da P. Garzoni. *In Venezia*, 1707, *in-4. dem. rel.*

904. Dei Vescovi et governatori di Verona, dissertaz. di G. B. Biancolini. *In Verona*, 1757, *in-4. fig. dem. rel.*

905. Thesaurus antiquitatum et historiarum Siciliæ, cura J. G. Grævii. *Lugd. Bat.* 1723, 15 *tom. en* 8 *vol. in-fol. fig. bas.*

895. Bron. het

896. Bron. ~~pzz~~ miz

Colas.

p.

899. C.

Malafait-

Martin

902. C. Dur. ait

904. C.

il y a du bot-pourris.   Clair

Merlin

Mialafait

p.

cluid.

Lettellier   gâté!

                        gu. dur. p m t

Corneille

i Dem

~~parquet~~. payat.. revend.. mouillé, et transporé

p.

corneille

p.

906. Rerum Sicularum scriptores, collecti ac recogn. ab Th. Fazello. *Francof. ad Mœn.* 1579,
in-fol. vél.   3.

907. Histoire des Rois des Deux-Siciles de la Maison de France, par d'Egly. *Paris,* 1741, 4 *vol.*   1 . 50.
in-12. v. m.

908. Storia Fiorentina, di Ben. Varchi. *In Colonia,* 2 - 25 -
1721, *in-fol. dem. rel.*

909. Histoire de la République de Gênes. *Paris,*   1 - 50.
1742, 3 *vol. in-12. v. m.* = Histoire des Révolutions de Gênes. *Paris,* 1752, 2 *vol. in-12. v. m.*

HISTOIRE DE FRANCE.

Histoire ancienne des Gaules, et Histoire générale
de France.

910. A. Valesii Notitia Galliarum. *Parisiis,* 1675,   5 . 5 .
in-fol. v. b.

911. Topographia Galliæ, german. per Mart.   20 . — 9
Zeillerum. *Francof. ad. Mœn.* 1655, 13 *part. en*
2 *vol. in-fol. fig. v. b.*

912. R. Gaguini de origine et gestis Francorum   6.
compendium. *Paris.* 1497, *in-fol. goth. vél.*
= P. Emylii de rebus gestis Francorum lib. x.
Basil. 1601, *in-fol. vél.*

913. M. Zuerii Boxhornii originum gallicarum   4 . 25 .
liber. *Amst.* 1654, *in-4. vél.*

914. Les Monumens de la Monarchie française,   ~~363~~.
par D. B. de Montfaucon. *Paris,* 1729, 5 *vol.*   320.
in-fol. fig. v. b. Gr. Pap. — — — — — —

915. Monumens français inédits, pour servir à   40.
l'histoire des Arts, par M. Willemin. *Paris,*
1806, *in-fol. fig. en cahiers, les liv.* 1 *à* 33.
Il manque la 28ᵉ.

916. Histoire de France, par Dupleix. *Paris,*   15
1663, 4 *vol. in-fol. bas.*

917. Annales de la Monarchie française, par de   7 . 95 .
Limiers *Amst.* 1724, *in-fol. fig. cart.*

918. Histoire de France depuis l'établissement de la monarchie française dans les Gaules, par le P. Daniel. *Paris*, 1755, 17 *vol. in-4. v. m.*

919. Abrégé chronol. de l'Histoire de France, par le prés. Hénault. *Paris, 1749, in-4. fig. m. bl. dent. avec des portraits d'Odieuvre.*

920. Nouvel abrégé chronol. de l'Histoire de France, par le prés. Hénault. *Paris, 1775, 3 vol. in-8. v. éc.*

Histoire particulière des rois de France, jusques et y compris Louis XIII.

921. Mémoires de Philippe de Commines, pub. par Lenglet Dufresnoy. *Paris, 1747, 4 vol. in-4. v. m.*

922. Les Mémoires de Michel de Castelnau, par J. le Laboureur. *Bruxelles, 1731, 3 vol. in-fol. fig. cart. gr. pap.*

923. Satyre Ménippée, de la vertu du catholicon d'Espagne, et de la tenue des états de Paris. *Ratisbonne, 1714, 3 vol. in-8. fig. v. b.*

924. Mémoires des Sages et Royales économies d'estat de Henri-le-Grand, par Maxim. de Béthune, duc de Sully. *Amst. 2 tom. en 1 vol. in-fol. v. b. édit. aux VV verts.*

925. Mémoires de Maximilien de Béthune, duc de Sully. *Londres, 1752, 8 vol. in-12. v. m.*

926. Histoire de la reine Marguerite de Valois, première femme du roi Henri IV, par M. Mongez. *Paris, 1787, in-8. v. m.*

927. Historiarum Galliæ ab excessu Henri IV lib. XVIII, auct. G. B. Gramundo. *Tolosæ, 1643, in-fol. m. r. dent. l. r. Gr. Pap.*

928. Histoire de Louis XIII, par Dupleix. *Paris, 1654, in-fol. vél.*

929. Histoire de la Vie de Louis XIII, par de Bury. *Paris, 1768, 4 vol. in-12. v. m.*

926. car.

ansclin

p.

Labitte

Letellier

idem

clusel

Martin

Lefevre

truchy

clusel.

Dabin

Rousseau

Colas.

Pierre

9h Rol.

Colas.

idem

Dabin

Letellier

Corneille

Corneille

Contellier
Colas.

Corneille

930. Ambassade du maréchal de Bassompierre, en Espagne, l'an 1621, et en Suisse, l'an 1625. *Cologne, P. Marteau,* 1668, *in-*12. *vél.*

931. Le véritable P. Joseph Capucin, nommé au cardinalat, contenant l'hist. du cardinal de Richelieu, (par Richard.) *Saint-Jean de Maurienne,* 1750, 2 *vol. in-*12. *bas.*

Histoire des règnes de Louis XIV, Louis XV, etc.

932. Histoire de France sous le règne de Louis XIV, par de Larrey. *Nancy,* 1719, 9 *vol. in-*12. *v. b.*

933. Histoire du règne de Louis XIV, par Reboulet. *Avignon,* 1744, 3 *vol. in-*4. *fig. v. b.*

934. Recueil de Mazarinades, en prose et en vers. *Paris,* 15 *vol. in-*4. *v. b.*

935. Mémoires et Instructions pour servir dans les négociations et affaires concernant les droits du Roi de France, (par D. Godefroy.) *Amst.* 1665, *avec la sphère, in-*12. *vél.*

936. Bouclier d'Etat et de Justice contre le dessein manifestement découvert de la monarchie univers. 1667, *in-*12. *vél.*

937. Mémoires du duc de Saint-Simon. *Paris,* 1788, 3 *vol. in-*8. *dem. rel.*

938. Mémoires du maréchal duc de Richelieu. *Paris,* 1790, 4 *vol. in-*8. *dem. rel.*

939. Mémoires Secrets sur les règnes de Louis XIV et de Louis XV, par Duclos. *Paris,* 1791, 2 *vol. in-*8. *dem. rel.*

940. Histoire de France pendant le XVIIIe siècle, par Lacretelle jeune. *Paris,* 1808, 6 *vol. in-*8. *br.*

941. Journal hist. de la Révolution opérée dans la constitution de la monarchie française, par de Maupeou. *Londres,* 1776, 7 *vol. in-*12. *bas.*

942. Mémoires sur la vie privée de Marie Antoi-

nette, reine de France, par Madame Campan. *Paris*, 1823, 3 *vol. in-8. dem. rel.*

943. Tableaux historiques de la Révolution française. *Paris*, 1804, 3 *vol. in-fol. v. éc. dent.*

944. Les Annales de la République française. *Paris*, *l'an* VII, (1799,) 6 *vol. in-8. br.*

945. Considérations sur les principaux événemens de la Révolution française, par Madame de Staël. *Paris*, 1818, 3 *vol. in-8. br.*

946. Histoire secrète du Cabinet de Napoléon Buonaparte, et de la Cour de Saint-Cloud. *Londres*, 1814, 2 *vol. in-8. br.* = Biographie des Contemporains, par Napoléon. *Paris*, 1824, *in-8. br.*

947. Mémoires pour servir à l'histoire de la Vie privée, et du retour de Napoléon, en 1815, par Fleury de Chaboulon. *Londres*, 1820, 2 *vol. in-8. dem. rel.*

Histoire des anciennes provinces et des villes de France, etc.

948. La France, par lady Morgan, trad. de l'angl. *Paris*, 1817, 2 *vol. in-8. br.*

949. Statistique gén. et partic. de la France et de ses colonies, publ. par Herbin. *Paris*, 1803, 7 *vol. in-8. br. et atlas in-4. cart.*

950. Statistiques des départemens du Doubs, de l'Indre, de la Lys, de la Meurthe, de la Moselle, du Rhin-et-Moselle, des deux Sevres et des etats d'Allemagne. *Paris*, *an* XII, (1804,) 8 *vol. in-fol. cart.*

951. Planches de la Description du département de l'Oise, par Cambry. (1803,) *in-fol. obl. cart.*

952. Essais hist. sur Paris, par de Saint Foix. *Paris*, 1763, 4 *vol. in-12. v. m.*

953. Histoire de la ville et comté de Valentiennes, par H. d'Outreman. *Douay*, 1639, *in-fol. vél.*

Corneille

p.

porché De lafontaine

merlin

Colas

chimot.

L'atlas pourri.   Rousseau

950 Rel. -

les Deux vol D. texte imparf. et gatés. p.
                                        p.

950 3. inf.

Colas.
Rousseau

954. C.

955. Rot.

garnot.

957. ins.
958. gryp. met

p.

Dabin

p.

962. gryp. it

Colas.

Houssau

Colas.

954. Le Dessein de l'Histoire de Reims, par N. Bergier. *Reims*, 1635, *in-4. fig. cart.* = Ul. Obrechti Alsaticarum rerum prodromus. *Argent.* 1681, *in-4. dem. rel.*

955. J. J. Chiffletii Vesontio civitas imper. libera, Sequanorum metropolis, plurimis sacræ profanæque historiæ monumentis illustrata. *Lugd.* 1618, *in-4. fig. vél.*

956. Les Annales d'Aquitaine, faits et gestes en sommaire des rois de France et d'Angleterre, etc. par J. Bouchet. *Poictiers*, 1557, *in-fol. vél.*

957. Chronicon Alsatiæ, par B. Hertzog. *Strasbourg*, 1592, *in-fol. dem. rel. en allemand.*

958. Alsatia illustrata celtica, romana, francica, auctore J. D. Schoepflino. *Colmariæ*, 1751, 2 *vol. in-fol. fig. bas.*

959. Histoire ecclésiastique et civile de la Lorraine, par D. Calmet. *Nancy*, 1728, 4 *vol. in-fol. v. m.*

960. Histoire gén. de la Diplomatie française, par de Flassan. *Paris*, 1809, 6 *vol. in-8. cart.*

961. La France métallique, par de Bie. *Paris*, 1636, *in-fol. fig. v. b.*

962. Du Sacre des rois de France, par M. Clausel de Coussergues. *Paris*, 1825, *in-8. br. Pap. Vél.*

963. Description des fêtes données par la ville de Paris, à l'occasion du mariage de madame Louise-Elisabeth de France, et de Dom Philippe, infant d'Espagne. *Paris*, 1740, *in-fol. atlant. fig. m. r. dent.*

Histoire générale d'Allemagne.

964. P. Cluverii Germania antiqua. *Lugd. Bat. L. Elzev.* 1616, *in-fol. fig. vél.*

965. Notitia Germaniæ antiquæ, auct. J. C. Spener. *Halæ Magd.* 1717, *in-4. fig. bas.* = B. Rhenani lib. tres institutionum rerum germanicarum nov-antiquarum. *Ulmæ*, 1693, *in-4. dem. rel.*

1 - 50   966. Notitia vet. Germaniæ populorum, etc. auct.
J. N. Mullero. *Gissæ*, 1709, *in-4. vél.* = J. J. Sorberi comment. de comitiis vet. Germanorum antiquis. *Francof.* 1749, *in-4. bas.*

2 - -   967. P. Kærii Germania inferior, edente P. Montano. *Amst.* 1617, *in-fol. vél. fig. color.*

9. 6 - -   968. Theatrum Germaniæ superioris. *Amst. Jansson*, 1657, 2 *part. en* 1 *vol. in-fol. fig. vél.*

4 - 5   969. Germania topo-chrono-stemmato-graphica sacra et profana, auct. G. Bucelino. *Aug. Vindel.* 1655, 3 *part. en* 2 *vol. in-fol. fig. vél.*

1 - 50   970. S. de Pufendorf de statu imperii German. liber. *Lipsiæ*, 1734, *in-8. v. b.* — Ejusd. Introductio ad hist. Europæam. *Francof.* 1704, *in-8. v. b.* = Institutiones juris naturæ et gentium, auct. C. de Wolff. *Halæ Magd.* 1754, *in-8. v. b.*
971. Manuel historique et statistique de l'Allemagne, par Grellmann. *Gœttingue*, 1801, 2 *tom. en* 1 *vol. in-8. cart. en allemand.*

2 - -   972. Etat actuel de l'Empire d'Allemagne, par Putter. *Gœttingue*, 1788, 3 *vol. in-8. dem. rel. en allemand.*

18 - 50   973. J. P. Vorburgici Historia romano-germanica. *Francof.* 1645, 12 *tom. en* 6 *vol. in-fol. vél.*

3 - 15   974. J. G. Eccardi de origine Germanorum lib. duo. *Gottingæ*, 1750, *in-4. fig. bas.* = Chronica Slavorum Helmoldi et Arnoldi, ex recens. H. Bangerti. *Lubecœ*, 1701, *in-4. vel.*

9. 27 - 50   975. Diplomataria et scriptores Hist. germanicæ med. ævi, cura C. Schoetgenii. *Altenburgi*, 1753, 3 *vol. in-fol. fig. v. b.*

9. 2 - 5   976. Sylloge variorum diplomatariorum monumentorumque vet. res germanicas illustr. *Franc. ad Mœn.* 1728, *in-8. fig. bas.*

4 - -   977. Rerum alamanicarum scriptores aliquot vetusti, edente M. Haiminsfeldio Goldasto. *Francof.* 1661, *in-fol. vél.* = A. Krantzii Vandalia,

968. Rot.

975. C. inf.
976 Rot.

Colas.

idem

Dabim

chimot.

Colas,

Dabin

merlin

Colas.

978. inf.

979. dur. ai+ss^c.

chud

981 Aot.

chud.

983 Aot.
984. inf.

p.

p.

Le conte   avec un double exempl. Du l^tr

chud.

989. inf.

de Vandalorum vera origine, etc. *Hanov.* 1619, *in-fol. vél.* = Ejusd. Saxonia. *Francof.* 1580, *in-fol. v. b.*

978. Rerum alamanicarum scriptores aliquot vetusti, curante H. C. Senckenberg. *Francof.* 1730, 3 *tom. en* 1 *vol. in-fol. bas.*

979. Schardius redivivus, sive rerum germanic. scriptores varii, olim a S. Schardio collecti, et editi ab H. Thoma. *Giessæ*, 1673, 4 *tom. en* 1 *vol. in-fol. vél.*

980. Rerum germanicarum scriptores, ex recens. H. Meibomii. *Helmœstadii*, 1688, 3 *tom. en* 2 *vol. in-fol. vél.*

981. Scriptores rerum germanicarum J. M. Heineccii et J. G. Leuckfeldi. *Francof. ad Mœn.* 1707, *in-fol. bas.*

982. Rerum germanicarum scriptores aliquot insignes, curante B. G. Struvio. *Argent.* 1717, 3 *vol. in-fol. bas.*

983. Idem opus. *Ratisbonæ*, 1726, 3 *vol. in-fol. bas.*

984. Erpoldi Lindenbrogii scriptores rerum germanicarum septentrionalium, curante J. Al. Fabricio. *Hamburgi*, 1706, *in-fol. bas.*

985. B. Rhenani rerum germanicarum lib. tres. *Basil.* 1551, *in-fol. v. b.*

986. P. Bertii comment. rerum germanicarum lib. tres. *Amst.* 1632, *in-4. vél.*

987. C. F. Paullini rerum et antiquitatum germanicarum syntagma. *Francof. ad Mœn.* 1698, *in-4. vél.* = Chronicon Montis Sereni, sive Lautenbergense, edente J. J. Madero. *Helmestadii*, 1665, *in-4. vél.*

988. F. Irenici exegesis Historiæ germanicæ, curante J. A. Bernhard. *Hanoviæ,* 1728, *in-fol. vél.*

989. Scriptores rerum germanicarum, præcipue saxonicarum, edente J. B. Menckenio. *Lipsiæ*, 1728, 3 *vol. in-fol. bas.*

F ij

990. Chronique ancienne de l'Allemagne en général, et en particulier de Strasbourg et d'Alsace, par J. de Kœnigshoven. *Strasbourg*, 1698,
in-4. fig. bas. en allemand.

991. Histoire complète de l'Empire d'Allemagne,
par Struve. *Iena*, 1732, *in-4. bas. en allemand.*

992. Histoire des Allemands, depuis les temps les
plus anciens jusqu'à Conrad I, par M. I. Schmidts.
Ulm, 1778, 5 *vol. in-8. bas. en allemand.*

993. Histoire générale d'Allemagne, par le P. Barre.
Paris, 1748, 11 *vol. in-4. u. f.*

994. Abrégé de l'Histoire et du Droit public d'Allemagne, par de Pfeffel. *Manheim*, 1758, *in-4.*
v. f. dent. Gr. Pap. de Holl.

Histoire particulière des Empereurs d'Allemagne.

995. Histoire de l'Empereur d'Allemagne, par H. De
Bünau. *Leipzig*, 1728, 4 *vol. in-4. bas. en allem.*

996. Vet. Scriptorum qui Cæsarum et imperatorum germanicorum res per aliquot secula gestas
literis mandarunt tomus unus, edente J. Reubero. *Hanoviæ*, 1619, *in-fol. vél.*

997. Comment. de re diplomatica imperat. augus-
torum, ac reginarum Germaniæ, auct. J. Heumanno. *Norimb.* 1749, *in-4. bas.*

998. Aquila inter lilia sub qua francorum cæsarum a Carolo Magno, usque ad Conradum imper.
elogiis, numismatibus, fasta exarantur, auct. J.
Palatio. *Venet.* 1671, *in-fol. fig. v. b.*

999. Aquila Sueva, sub qua imperatores Suevi a
Conrado III usque ad Conradum IV, elogiis, numismatibus, etc. exhibentur, auct. J. Palatio.
Venetiis, 1679, *in-fol. fig. v. m.* == Aquila Saxonica, auct. eodem. *Venet.* 1673, *in-fol. fig. v. m.*

1000. Annales rerum belli domique ab austriacis
Habsburgicæ gentis princ. a Rudolpho I, ad Caro-
lum V gestarum, per G. De Roo. *Hal. Magd.* 1709,

995. Ins.

996. C.

Le Comte

Martin

Le Comte

Colas.

Le Comte

Lefevre.
Malafait.

1002. Ad.

1003. C. inf.

Lefevre

1006. C.

Le Comte

1009. C.

Lefevre

in-4. bas. =° F. Guillimanni Habsburgiaca, sive de antiq. et vera origine domus Austriæ. *Mediol.* 1605, *in-4. vél.*

1001. Seditio repentina vulgi, præcipue rusticorum anno 1525, tempore verno, per univ. fere Germaniam exorta, etc. auct. P. Gnodalio. *Basil.* 1570, *in-8. vél.*

1002. J. P. Lotichii rerum germanic. sub Matthia, Fernandis II, III, gestarum lib. LV. *Francof. ad Mœn.* 1646, *in-fol fig. vél.*

1003. Annales Ferdinandei, germanice. *Leipzig,* 1721, 12 *tom. en* 7 *vol. in-fol. fig. bas.*

1004. Historia Leopoldi Magni cæsaris augusti, auct. F. Wagner. *Aug. Vindel.* 1719, 2 *vol. in-fol. bas.*

1005. Historia Josephi I, cæsaris, auct. P. F. Wagner. *Viennæ Aust.* 1746, *in-fol. dem. rel.*

1006. Histoire de l'Interrègne qui a suivi la mort de l'empereur Charles VI. *Francfort,* 1742, 4 *vol. in-4. bas. en allemand.*

1007. Le Monarque accompli, ou prodiges de bonté, etc. de Joseph II, par de Lanjuinais. *Lausanne,* 1774, 3 *vol. in-8. bas.*

Histoire de l'Autriche, etc.

1008. Description de la Monarchie autrichienne, par Demian. *Vienne,* 1804, 3 *tom. en* 4 *vol. in-8. br. en allemand.*

1009. Chronique de Vienne, traduite du latin de Wolffgang Lazius, par H. Abermann. *Francfort,* 1692, *in-fol. vél. en allemand.*

1010. J. Dubravii historia Bohemica, ab origine gentis, usque ad Ferdinandum imper. *Hanoviæ,* 1602, *in-fol. vél.*

1011. M. Goldasti de Bohemiæ regno commentarii. *Francfordiæ,* 1627, *in-4. vél.*

1012. Topographia magni regni Hungariæ, auct. J. B. Piker. *Viennæ, * 1750, *in-fol. bas.*

1013. Rerum hungaricarum scriptores varii, hist. geographici. *Francof.* 1600, *in-fol. v. f.* -

1014. A. Bonfinii Historia pannonica, sive hungaricarum rerum decades IV, edente J. Sambuco. *Colon. Agrip.* 1690, *in-fol. v. b.*

1015. J. Lucii de regno Dalmatiæ et Croatiæ lib. sex. *Vindob.* 1758, *in-fol. cart.*

1016. Description de la Principauté et du Diocèse de Saltzbourg, par Hübner. *Saltzbourg,* 1796, 3 *vol. in-8. br. en allemand.*

1017. Antiquitatum et annalium trevirensium lib. XXV, auct. C. Browero, et J. Masenio. *Leodii,* 1670, 2 *vol. in-fol. v. b.*

1018. Rerum moguntiacarum scriptores, accurante G. C. Joannis. *Francof. ad Mœn.* 1722, 3 *tom. en 2 vol. in-fol. bas.*

1019. Codex diplomaticus, exhibens anecdota moguntiaca, auct. V. F. de Gudenus. *Gœttingæ,* 1743, 2 *vol. in-4. bas.*

1020. Chronique de la Ville libre et impériale de Francfort sur le Mein, par G. Florian. *Francfort,* 1706, 2 *vol. in-fol. bas. en allemand.*

1021. Juliæ montiumque comitum, ducum, etc. annales, curante J. T. Brosio. *Colon. Agrip.* 1731, 3 *tom. en 1 vol. in-fol. dem. rel.*

1022. Chronique de Juliers, par Erichius. *Leipzig,* 1640, *in-fol. vél. en allemand.*

1023. Description de l'Enterrement du prince Jean Guillaume duc de Clèves et de Juliers, etc. 1628, *in-fol. obl. fig. dem. rel. en allemand.*

1024. Description de l'Etat d'Aix-la-Chapelle, et des Eaux minérales de Baden, en Hollande. *Leide,* 1727, *in-4. fig. v. b.*

1025. Chronique d'Aix-la-Chapelle, par J. Noppius. *Cologne,* 1632, *in-fol. vél. en allemand.*

1012. C. inf.
1013 Rol.

Colat.

1016. C. inf.

Merlin

1018. inf. Rol.

1020. C. inf.
1021. inf.
1022. inf.

Kilian

1023. C.

Kilian

1025. inf.

1026. C.

1027. inf.

1028. Byron.

1030. inf.

1033. inf.

1034. C. inf.

1035. C.

1036. inf.

1026. Monumentorum monasteriensium decuria prima, auct. J. H. Nunning. *Upsalæ*, 1747, *in-4. dem. rel.*=F. Conradi chronicon Schirense sæc. XIII conscriptum, accur. G. C. Joannis. *Argent.* 1716, *in-4. fig. dem. rel.*

1027. Annales Paderbornenses, auct. N. Schaten. *Neuhusii*, 1693, 2 *vol. in-fol. v. b.*

Histoire de la Saxe, etc.

1028. Le Miroir de la Saxe. *Dresde*, 1553, *in-fol. rel. en bois. en allemand.*

1029. J. J. Winkelmanni Notitia histor. polit. vet. Saxo-Westphaliæ. *Oldenburgi*, 1667, *in-4. vel.* =G. Sagittarius de antiq. statu Thuringiæ. *Jenæ*, 1675, *in-4. vél.*

1030. Saxonia inferior antiqua, gentilis et christiana, german. auct. C. Calvor. 1714, *in-fol. vél.*

1031. De Westphalorum, sive antiq. Saxonum situ, moribus, etc. lib. III, auct. Wernero Rolevinck. *Coloniæ*, 1639, *in-12. vel.*

1032. Dav. Chytræi chronicon Saxoniæ. *Rostochii*, 1592, 3 *parties en 2 vol. in-8. vél.* = Chronicon Carionis, auctum a P. Melanchtone. *Aurel. Allob.* 1610, *in-8. vél.*

1033. Chronique de Saxe, connue sous le nom de chronique de Mansfeld, publiée par Spangenberg. *Francfort*, 1585, *in-fol. vél. en allemand.*

1034. Annales de l'électorat de Saxe, jusqu'en l'année 1700, par J. S. Muller. *Weimar*, 1700, *in-fol. vél. en allemand.*

1035. Plan d'une histoire des comtes palatins de Saxe, depuis leur origine, jusqu'aux temps de Frédéric le Belliqueux. *Erfurt*, 1740, *in-4. fig. cart. en allemand.*

1036. Annales Witichindi, item historia Henrici Leonis ducis Saxoniæ, etc. studio Reineri Reineccii. *Francof. ad Mœn.* 1577, *in-fol. vél.* =

Chronici Ditmari lib. vii, auct. eodem Reinero Reineccio. *Francof. ad Mœn.* 1580, *in-fol. vél.*

2 - - 1037. C. Sagittarii antiquitates Thuringicæ, germanice. *Jenœ*, 1685, *in-4. vel.* = Antiquitates Wetteraviæ, german. *Hanau*, 1731, *in-4. fig. cart.*

Histoire de la Bavière, de la Souabe, etc.

9. 30 - - 1038. Description topographique de la Bavière, présentée à l'électeur par les États-généraux de Bavière. *Munich*, 6 vol. *in-fol. avec un très grand nombre de planches. bas. en allemand.*

9. 3 . - 1039. Origines palatinæ, auct. Marq. Frehero. *Heidelbergœ*, 1613, 2 tom. en 1 vol. *in-fol. vél.*

1 - 50 1040. C. C. Tolneri historia palatina. *Francof. ad Mœn.* 1700, *in-fol. vél.*

2 - 65 1041. J. Adlzreitter, et And. Brunneri annales Boicæ gentis. *Francof. ad Mœn.* 1710, *in-fol. bas.*

9 - 3 - 50 1042. J. Aventini annalium Boiorum lib. vii. *Lipsiœ*, 1710, *in-fol. v. b.*

1043. Historia de rebus gestis ac vita Frederici palatini electoris, et ducis Bavariæ, ex var. scriptor. collecta. 1670, *in-fol. cart.*

Manuscrit sur papier.

9. 3. 50 1044. Suevicarum rerum scriptores aliquot veteres, ex recens. M. Haiminsfeldii Goldasti. *Francof.* 1605, *in-4. fig. vél.* = Pomerania diplomatica, sive antiquitates pomeranicæ, studio M. Rangonis. *Francof. ad Viadrum*, 1707, *in-4. vél.*

9. 2 - - 1045. Rerum suevicarum scriptores aliquot veteres, ex recens. M. H. Goldasti. *Ulmœ*, 1727, *in-fol. cart.*

9. 18 - 50 1046. Thesaurus rerum suevicarum, auct. J. R. Wegelino. *Lindaugiœ*, 1756, 3 *vol. in-fol. bas.*

9. 12 - - 1047. Chronique de Souabe, par M. Crusius, traduite du latin, et continuée jusqu'en 1733, par

Merlin

1038. C. to have.

1039. inf.

Colas.

Dabin

1044. Rol.

1045. inf.

1046. inf.

1047. C. inf.

Kilian   avec les filets manuscrits 1048. inf.

1049. inf.

Corneille

martin

Colas .   le 2e art=un peu pourri.

Dabin   un vol pourri .

1055. inf.

1056. inf.

1057. C.

J. J. Moser. *Francfort*, 1738, 2 *vol. in-fol. bas. en allemand.*

1048. Chronique d'Augsbourg, parWelser, traduite du latin, par E. Werlichius. *Francfort*, 1595, *in-fol. bas. en allemand.*

1049. Chronique de Nassau, par J. Textor de Hæger. *Wetzlar*, 1712, *in-fol. en allemand.*

1050. Corpus francicæ historiæ veteris et sinceræ. *Hanoviæ*, 1613, *in-fol. vél.*

1051. Commentarii de rebus Franciæ orientalis, et episcop. Wirceburgensis, auct J. G. ab. Eckhart. *Wirceburgi*, 1729, 2 *vol. in-fol. bas.*

1052. J. H. Von Falckenstein Antiquitates nordgavienses, germanice. *Francof.* 1733, 2 *tom. en* 1 *vol. in-fol. fig. v. b.* = Ejusd. codex diplomaticus antiquit. nordgavensium. *Francof.* 1733, *in-fol. bas.*

1053. Delineatio montis a metropoli Hasso-casselliana uno circiter milliari distantis, qui olim Winter-Casten id est hiemis receptaculum dicebatur, opera J. F. Guernerii. *Cassellis*, 1706, *in-fol. fig. cart.*

1054. J. F. Schannat corpus traditionum fuldensium. *Lipsiæ*, 1724, *in-fol. fig. bas.* = Ejusd. hist. fuldensis. *Franc. ad Mœn.* 1729, *in-fol. fig. bas.* = Vindiciæ quorumdam archivi fuldensis diplomatum a J. G. Eckhart, edente eodem Schannat. *Francof. ad Mœn.* 1728, *in-fol. fig. bas.*

1055. Chronique de Schaumburg, par Spangenberg. *Stadthagen*, 1614, *in-fol. bas. en allemand.* = Tirolensium principum, comitum, etc. icones, cum eorum elogiis, germ. *in-fol. fig. parch.*

1056. Scriptores rerum brunsvicensium, curante G. G. Leibnitio. *Hanoveræ*, 1707, 3 *vol. in-fol. vél.*

1057. Histoire de la Principauté et de la ville de

Brunswik. *Helmstadt*, 1607, 3 *tom. en* 2 *vol. in-fol. vél. en allemand.*

1058. A. U. Erath conspectus historiæ brunsvico-Luneburgicæ univers. *Brunsvigæ*, 1745, *in-fol. dem. rel.*

1059. Chronique de Brunswik - Lunebourg, par Rehtmeier. *Brunswik*, 1722, 2 *vol. in-fol. vél. en allemand.*

Histoire de la Prusse, etc.

1060. P. de Dusburg chronicon Prussiæ. *Jenæ*, 1679, *in-4. fig. dem. rel.*

1061. Scriptores de rebus marchiæ brandenburgensis, maxime celebriores, auct. N. Leuthengero. *Francof.* 1729, *in-4. dem. rel.* = G. G. Leibnitii scriptores rerum germanicarum. *Hanoveræ*, 1700, *in-4. v. b.*

1062. Histoire du Marquisat de Brandebourg, par J. M. Gross. *Schwabach*, 1749, 2 *vol. in-4. cart. en allemand.*

1063. S. de Pufendorf, de rebus gestis Friderici Wilhelmi magni electoris brandenburgici. *Berolini*, 1695, 2 *tom. en* 1 *vol. in-fol. v. b.*

1064. Vie de Frédéric II, roi de Prusse, (par Laveaux.) *Strasbourg*, 1788, 4 *vol. in-8. v. éc.*

1065. N. Helenii Silesiographia renovata. *Vratislaviæ*, 1704, 2 *vol. in-4. v. b.*

1066. Silesiacarum rerum scriptores aliquot adhuc inediti, curante T. W. de Sommersberg. *Lipsiæ*, 1729, 3 *vol. in-fol. vél.*

1067. Description de la ville de Dantzick, par G. Reinhold Curicken. *Amsterdam*, 1688, *in-fol. fig. v. b. en allemand.*

Histoire des Pays-Bas, de la Hollande, etc.

1068. Description de tous les Pays-Bas, par L. Guicciardin. *Amst.* 1609, *in-fol. fig. vél.*

1058. C.

1059. C. inf.

                                                        Merlino

1061. C. inf. Rol.

1062. C. inf.   2 tom. en 1 vol.

1063. inf.

                                                        p.

                                                        Lefuro

1067. inf.

                                                        Colar.

Malafait.

Colas.

Crozet.

Dalir

martin

chimot.

Colas.

idem

idem

1079. luf.
1080. luf.

martin

1069. Theatrum urbium Belgicæ fœderatæ, a J. Blaeu. *In-fol. max. fig. vél.*

1070. M. Zuerii Boxhornii theatrum, sive Hollandiæ urbium descriptio. *Amst.* 1632, *in-4. obl. fig. vél.*

1071. La grande Chronique ancienne et mod. de Hollande, Zélande, etc. par F. Lepetit. *Dordrecht,* 1601, 2 *vol. in-fol. fig. v. b.*

1072. Histoire des provinces-unies des Pays-Bas, par Le Clerc. *Amst.* 1723, 3 *vol. in-fol. fig. v. m.*

1073. Histoire des Pays-Bas hollandais, par G. Van Loon, en holl. *La Haye,* 1734, 2 *tom. en* 1 *vol. in-fol. fig. v. b.*

1074. Histoire gén. des Pays-Bas. *Bruxelles,* 1743, 4 *vol in-12. fig. v. m.*

1075. Histoire métallique des provinces-unies des Pays-Bas, par G. Van Loon, en hollandois. *La Haye,* 1734, 4 *vol. in-fol. fig. v. b.* = La connoissance des monnoies modernes, par le même, en hollandois. *La Haye,* 1734, *in-fol. fig. v. b.*

1076. Histoire des Souverains des Pays-Bas, par F. Van Mieris, en hollandois. *La Haye,* 1732, 3 *vol. in-fol. fig. v. b.*

1077. Principes Hollandiæ et Zelandiæ Domini Frisiæ, auct. M. Vosmero. *Antuerp.* 1578, *in-4. fig. cart.*

1078. Had. Barlandi Hollandiæ comitum historia et icones. *Lugd. Bat.* 1584, *in-fol. fig. bas.*

1079. Mensonis Alting descriptio secundum antiquos agri Batavi et Frisii. *Amst.* 1697, *in-fol. fig. v. b.*

1080. Mensonis Alting descriptio Frisiæ. *Amst.* 1701, *in-fol. fig. v. b.*

1081. Description de La Haye, par J. de Riemer, en hollandois. *Delft,* 1730, 2 *tom. en* 3 *vol. in fol. fig. vél.*

1082. J. de Beka et W. Heda Historia Ultrajectina. *Ultrajecti*, 1643, *in-fol. vél.*

1083. J. I. Pontani historiæ gelricæ lib. xiv. *Hardervici Gelrorum*, 1639, *in-fol. vél.*

1084. Description de l'Etat, et de la ville de Breda, en holl. par T. E. Van Goor. *La Haye*, 1744, *in-fol. fig. dem. rel.*

1085. Theatrum urbium Belgii, sive Germaniæ inferioris. *Amst. Jansson*, 2 *vol. in-fol. max. fig. vél. dent.*

1086. F. Haræi annales ducum seu principum Brabantiæ totiusque Belgii. *Antuerp.* 1677, 3 *tom. en* 2 *vol. in-fol. fig. vél.*

1087. F. Strada de bello belgico. 1553, 2 *vol. in-12. fig. vél.*

1088. Famianus Strada de bello belgico. *Ratisbonæ*, 1754, *in-fol. v. b.*

1089. Meteranus novus : c'est-à-dire Description véritable de la guerre des Pays-Bas, par E. de Meteren, trad. en allemand et continuée jusqu'en 1638. *Amsterdam*, 1640, 4 *part. en* 2 *vol. in-fol. vél.*

1090. Le Miroir de la cruelle et horrible Tyrannie espagnole, perpetrée au Pays-Bas, par le tyran duc de Albe. *Amst.* 1620, *in-4. fig. vél.*

1091. A. Sanderi Flandria illustrata, belgice. *Leidæ*, 1735, 3 *tom. en* 2 *vol. in-fol. fig. v. b.*

1092. Genealogia comitum Flandriæ, auct. O. Vredrio. *Brugis Flandr.* 1642, *in-fol. fig. v. b.*

1093. O. Vredii Historia comitum Flandriæ. *Brugis*, 1650, *in-fol. v. b.* = Ejusd. Sigilla comitum Flandriæ. *Brugis*, 1639, *in-fol. fig. v. b.*

1094. Topographia histor. Gallo-Brabantiæ, auct. J. B. Le Roy. *Amst.* 1693, *in-fol. fig. v. b.*

1095. Chronique du Duché de Brabant, par L. Van Hæcht. *Anvers*, 1612, *in-fol. fig. dem. rel. en allemand.*

1082. Inf.
1083. Inf.
1084. C.

Malafit:

Colas.

1087. C.

Malafit:

1089. C.

1090. of

martin

cluid

1095. C.

Merlin

Colas.

1099. luf.
1100. pron. luf.

1101. C.

1102. C.

Merlin

Colas.

Dix vol. 1104. of.
~~Dix vol.~~ 1105. grep. am^t

1106. luf.

1107. luf.

fayolles

1096. Trophées tant sacrés que profanes du duché de Brabant, par F. C. Butkens. *La Haye*, 1724, 4 *vol. in-fol. fig. v. b.*

1097. J. B. Gramaye antiquitates ducatus Brabantiæ. *Lovanii*, 1708, *in-fol. vél.* == Hist. abrégée des provinces-unies des Pays-Bas. *Amst.* 1701, *in-fol. fig. v. b.*

1098. P. Divæi Opera omnia , scilicet rerum Lovaniensium lib. iv, etc. *Lovanii*, 1757, *in-fol. fig. cart.*

1099. J. Goropii Becani origines Antuerpianæ. *Antuerp.* 1569, *in fol. v. b.*

1100. Historia Leodiensis, per episcop. et principum seriem disposita, auct. Foullon. *Leodii*, 1735, 3 *vol. in-fol. vél.*

1101. Chronique de Suisse, par J. Stümpf, continuée par J. Rudolph. *Zurich*, 1606, *in-fol. fig. rel. en bois. en allemand.*

1102. La Chronique d'Appenzell, par Walser. *S. Gall*, 1740, *in-8. vél. en allemand.*

Histoire d'Espagne et de Portugal.

1103. Tableau de l'Espagne moderne, par J. F. Bourgoing. *Paris*, 1803, 3 *vol. in-8. dem. rel. et atlas in-4. cart.*

1104. Histoire gén. d'Espagne, trad. de l'espagnol de J. Ferreras. *Paris*, 1751, 10 *vol. in-4. fig. v. m.*

1105. Histoire des Révolutions d'Espagne, par le P. d'Orléans. *Paris*, 1734, 3 *vol. in-4. v. f.*

1106. Histoire chevaleresque des Maures de Grenade, trad. de l'espagn. de Ginèz Perèz de Rita. *Paris*, 1809, 2 *tom. en* 1 *vol. in-8. dem. rel.*

1107. Historia de la Vida y hechos de l'imperador Carlos v, por P. de Sandoval. *En Pamplona*, 1634, 2 *vol. in-fol. vél.*

1108. Vida dell'imperad. Carlo v, da Gregorio Leti. *Amst.* 1700, 4 *vol. in-12. bas.*

1109. Histoire du règne de Charles-Quint, par Robertson, trad. de l'angl. *Paris*, 1771, 6 *vol. in-12. v. m.*

1110. Histoire gén. de Portugal, par de la Clede. *Paris*, 1735, 8 *vol. in-12. v. b.*

1111. Relation des Troubles arrivés dans la cour de Portugal, en 1667 et 1668. *Amst.* 1674, *avec la sphère, in-12. vél.*

Histoire d'Angleterre, etc.

1112. Rutgeri Hermannidæ Britannia Magna, sive Angliæ, Scotiæ et Hiberniæ geogr. histor. descriptio. *Amst.* 1661, *in-12. fig. vél.*

1113. Les Délices de la Grande-Bretagne et de l'Irlande, par J. Beeverell. *Leide*, 1707, 9 *vol. in-12. fig. v. b.*

1114. Angleterre ancienne, ou Tableau des mœurs, usages, etc. des anciens habitans de l'Angleterre, par Strutt, trad. de l'angl. *Paris*, 1789, 2 *tom.* en 1 *vol. in-4. fig. v. m.*

1115. Tableau de la Grande-Bretagne, de l'Irlande, etc. *Paris*, 1802, 4 *vol. in-8. fig. dem. rel.*

1116. Chronicon saxonicum, seu annales rerum in Anglia præcip. gestarum, a Christo nato ad ann. 1554, auct. Ed. Gibson. *Oxon.* 1692, *in-4. vél.*

1117. Histoire d'Angleterre, d'Ecosse et d'Irlande, par de Larrey. *Rotterd.* 1707, 4 *vol. in-fol. fig. vél. Gr. Pap.*

1118. Histoire d'Angleterre, par Rapin de Thoyras. *La Haye*, 1749, 16 *vol. in-4. v. m.*

1119. Ælfredi Magni Anglorum regis Vita, auct. J. Spelman. *Oxon. e Th. Sheldon.* 1678, *in-fol. v. b.*

1120. Annales rerum anglicarum et hibernicarum regnante Elisabetha, auct. G. Camdeno. *Lugd. Bat.* 1625, *in-8. vél.* = De Anglorum gentis ori-

1111. d.

1116. Luch. ae⁺ iuj.

1119. Luch. e⁺ iuj.

Martin

Kilian

Colas.

Dabin

P.

Colas.

Martin

chimot.

p.

1121. Car.

1123. C,

1125. luf.

Colar.

1127. luf.

Colar.

Cluid

gine disceptatio, auct. R. Sheringamo. *Cantab.*
1670, *in-8. vél.*

1121. L'Art d'assassiner les Rois, enseigné par les
Jésuites, ou l'on découvre le secret de la conspiration contre la vie de Guillaume III. *Londres*,
1763, *in-12. br.*

1122. Londres en 1819. *Paris*, 1820, *in-8. dem.
rel.*

1123. J. de Fordun Scoti-chronicon, cum sup-
plem. et continuatione W. Boweri. *Edinburgi*,
1752, 2 *vol. in-fol. dem. rel.*

1124. Apologie, ou Défense de l'honorable sen-
tence et très juste exécution de défuncte Marie
Stuard dernière royne d'Ecosse. 1588, *in-8. vél.*

Histoire des pays septentrionaux, de la Suède, etc.

1125. Orbis gothicus, id est historica narratio
omnium fere gothici nominis populorum origines, sedes, linguas, reges, etc. exhibens, studio
Mat. Prætorii. *Typ. Monast. Olivensis*, 1688, *in-
fol. vél.*

1126. Chronique de Dannemark, Suède et Nor-
wège, traduite du latin de Kransius, par H. de
Eppendorf. *Strasbourg*, 1545, *in-fol. rel. en
bois. en allemand.*

1127. J. Messenii Scondia illustrata, seu chronologia de rebus Scondiæ, hoc est Sueciæ, Daniæ,
Norvegiæ, etc. cum observ. J. Peringskiold. *Stock-
holmiæ*, 1700, *in-fol. cart.*

1128. S. de Pufendorf de rebus a Carolo Gustavo
Sueciæ rege gestis comment. *Norimb.* 1696, *in-
fol. fig. vél.*

1129. Histoire de la guerre des Suédois en allemagne, traduite du latin de S. de Pufendorf.
Francfort, 1688, *in-fol. bas. en allemand.*

1130. Rerum danicarum Historia, auct. J. I. Pon-
tano. *Amst.* 1631, *in-fol. vél.*

1131. Essai d'une Statistique du royaume de Danemark, par F. Thaarup, trad. du danois. *Kopenhague*, 1795, 3 *vol. in-8. br. en allemand.*

1132. Chronique d'Oldenburg, par Hamelmann. *Oldenburg*, 1599, *in-fol. vél. en allemand.*

1133. M. Cromeri de origine et rebus gestis Polonorum lib. xxx. *Basil.* 1568, *in-fol. v. b.*

1134. Chronica sive Historiæ polonicæ compendiosa descript. *Dantisci*, 1609, *in-4. vél.* = Annales Monasterii Zwifaltensis in Suevia. *Aug. Vindel.* 1697, *in-4. cart.*

1135. J. Dlugossi, seu Longini Historiæ poloniæ lib. xii. *Francof.* 1711, 2 *vol. in-fol. vél.*

1136. Histoire de l'Anarchie de Pologne, par C. Rulhiere. *Paris*, 1807, 4 *vol. in-12. bas.*

1137. Encyclopédie, ou Dictionnaire géographique de l'empire de Russie, par Heym. *Gœttingue*, 1796, *in-8. br. en allemand.*

HISTOIRE ORIENTALE.

Histoire des Turcs, etc.

1138. Biblothéque orientale, par d'Herbelot. *Maestricht*, 1776, *in-fol. v. éc.*

1139. La même, par Visdelou et Galand. *La Haye*, 1779, *in-fol. v. éc.*

1140. Mœurs et Usages des Turcs, leur religion, leur gouvernement, etc. par Guer. *Paris*, 1747, 2 *vol. in-4. fig. dem. rel.*

1141. Description de Constantinople et du Bosphore, par J. de Hammer. *Pesth*, 1822, 2 *vol. in-8. fig. v. b. en allemand.*

1142. Relation historique de la grande ambassade envoyée à Constantinople par l'empereur Charles vi, publiée par G. Cornélius. *Nurenberg*, 1723, *in-4. fig. vél. en allemand.*

1143. Histoire de la Régénération de la Grèce de

1122. Inf.

1139 St-quat apt
1140. Bron.

1141. Bron. St-quat. apt Inf.

1142. C. St-quat. xt Inf.

1143. Rol.

Cluid

Colas.

Martin

Rouncan

chinot.

fayolle

Rouncan

1144. C.

Dondey Dupré.

p.

parquet.

1148. goe. mit

1149. C.

Dondey Dupré.

1151. Dron.

Dondey Dupré.

Colal.

1740 à 1824, par F. C. H. L. Pouqueville. *Paris,*
1824, 4 vol. in-8. fig. dem. rel.

1144. Olympia, or Topography of the actual state
of the plain of Olympia, by J. Spencer Stanhope. *London, 1824, gr. in-fol. fig. dem. rel.*
dos de m. amar. Pap. Vél.

Histoire de l'Asie, de l'Afrique, etc.

1145. Histoire moderne des Chinois, des Japo-
nois, etc. (par de Marsy et Richer.) *Paris, 1755,*
30 vol. in-12. v. m.

1146. Les Indes orientales et occidentales et autres lieux, représentés en figures, par Romain de
Hooghe. *Leide, in-fol. obl. cart.*

1147. Histoire philosophique et politique des Eta-
blissemens et du Commerce des Européens dans
les deux Indes, par G. T. Raynal. *Genève, 1780,*
4 vol. in-4. et atlas. v. m.

1148. Description hist. et géogr. de l'Indostan,
par J. Rennell, trad. de l'angl. *Leipzic, 1800,*
3 vol. in-8. bas. et atlas in-4. br. Pap. Vél.

1149. Monumens anciens et modernes de l'Hin-
doustan, par Langlès. *Paris, 1821, 2 vol. in-fol.*
fig. dem. rel. dos de m.

1150. Rerum persicarum Historia, initia gentis,
mores, etc. complectens, auct. P. Bizaro. *Fran-*
cof. 1601, in-fol. vél.

1151. Histoire du grand Tamerlanes, tirée des
monumens antiques des Arabes, par J. Du Bec.
Rouen, 1614, in-12. dem. rel.

1152. Relation de l'ambassade angloise envoyée en
1795 dans le royaume d'Ava, par Symes, trad.
de l'angl. *Paris, 1800, 3 vol. in-8. dem. rel. et*
atlas in-4. cart.

1153. A. Kircheri China, monumentis illustrata.
Amst. 1667, in-fol. fig. vél.

1154. M. Martinii sinica Historia. *Monachii*, 1658, *in-4. bas.*

1155. Nouvelle Relation de l'Afrique occidentale, par le P. Labat. *Paris, 1728, 5 vol. in-12. fig. v. b.* = Nouveau Voyage aux isles de l'Amérique, par le même. *Paris, 1742, 8 vol. in-12. fig. v. b.*
Il manque le tome premier.

Histoire de l'Amérique.

1156. Novus Orbis, sive Descriptio Indiæ occident. auct. A. de Herrera. *Amst. 1622, in-fol. fig. vél.*

1157. Novus Orbis, seu Descript. Indiæ occident. lib. xviii, auct. J. de Laet. *Lugd. Bat. 1633, in-fol. fig. dem. rel.*

1158. Essai sur cette question : Quand et comment l'Amérique a-t-elle été peuplée d'hommes et d'animaux, (par Engel.) *Amst. 1767, 5 vol. in-12. bas.*

1159. Recherches philosophiques sur les Américains, par de Pauw. *Berlin, 1770, 3 vol. in-12. dem. rel.*

1160. Histoire générale de l'Amérique, par Touron. *Paris, 1768, 14 vol. in-12. v. m.*

1161. C. Barlæi rerum in Brasiliâ gestarum sub præfectura Mauritii Nassaviæ comitis, Historia. *Clivis, 1660, in-12. fig. vél.*

1162. Histoire de la Conqueste du Mexique, par A. de Solis, trad. de l'espagnol. *Paris, 1730, 2 vol. in-12. fig. v. b.* = Hist. de la Découverte et de la Conqueste du Pérou, trad. de l'espagn. d'Aug. de Zarate. *Paris, 1716, 2 vol. in-12. fig. v. b.*

1163. Essai polit. sur le royaume de la Nouvelle-Espagne, par A. de Humboldt. *Paris, 1811, 5 vol. in-8. dem. rel.*

1164. Etats-Unis de l'Amérique à la fin du xviiie siècle, par J. E. Bonnet. *Paris, 2 tom. en 1 vol. in-8. dem. rel.*

1154. lus.

Dabin

truchy

p.

Dabin

merlin

1163. of.

p.

p.

perquet.

1167. Jur. mit

pierro

1169. C.

1170. ins.

clusel   veuch du imparfait

1173. Moes. a+ C.

1174. Moes. a+ C. ins.

Colas

1165. Histoire nat. et morale des îles Antilles de
l'Amérique, par de Rochefort. *Roterdam*, 1665,
in-4. fig. vél.

1166. Histoire de l'isle espagnole ou de Saint-Do-
mingue, par de Charlevoix. *Amst.* 1733, 4 *vol.*
in-12. fig. v. b.

Histoire héraldique et généalogique.

1167. Le vray Théâtre d'honneur et de chevalerie,
par de Wilson de la Colombière. *Paris*, 1648,
2 *vol. in-fol. fig. v. b.*

1168. La vraie et parfaite Science des Armoiries,
par P. Palliot. *Paris*, 1661, *in-fol. fig. vél.*

1169. R. Duellii excerptorum genealogico-histo-
ricorum lib. duo, quorum 1.us complectitur ex-
cerpta ex chartulariis sæculi XIII, etc. *Lipsiæ*,
1725, *in-fol. fig. v. b.*

1170. Tables généalogiques de Hübner. *Leipzig*,
1737, 3 *vol. in-fol. obl. bas. en allemand.*

1171. H. Henninges Theatrum genealogicum, os-
tentans omnes omnium ætatum familias mo-
narcharum, etc. *Magdeburgi*, 1596, 4 *vol. in-fol.*
vél. = Ejusd. Genealogiæ aliquot familiarum
nobilium in saxonia. *Hamburgi*, 1590, *in-fol.*
fig. br.

1172. J. W. Imhofii Notitia s. rom. germanici
imperii procerum tum ecclesiast. quam secu-
larium historico-herald. genealogica. *Stutgardiæ*,
1699, *in-fol. v. b.*

1173. Tables généalogiques des familles nobles,
par ordre alphabétique, par J. Seifert. *Ratis-*
bonne, 1721, *in-fol. obl. bas. en allemand.*

1174. Preuves de noblesse des familles de l'empire
d'Allemagne. *Wirtzbourg*, 1775, *in-fol. fig. vél.*
en allemand.

1175. Patriciarum stirpium in urbe Augusta Vindelic. insignia. *Aug. Vindel.* 1613, *in-4. fig. dem. rel.*

1176. Mart. Hankii de Silesiorum nominibus antiquitates. *Lipsiæ*, 1702, *in-4. vél.*

1177. Jurisprudentia heroica, sive de jure Belgarum circa nobilitatem et insignia, etc. *Bruxellis*, 1668, *in-fol. fig. v. b.*

1178. Recueil de la noblesse de Bourgogne, Limbourg, Flandres, Artois, etc. *Lille,* 1715, *in-4. v. b.*

1179. Miroir des Nobles de Hasbaye, par J. de Hemricourt, publié par de Salbray. *Bruxelles*, 1673, *in-fol. fig. v. b.*

1180. Recueil héraldique des bourguemestres de la cité de Liége, par J. G. Loyens. *Liége*, 1720, *in-fol. fig. bas.*

1181. Généalogie de la maison de La Tour, par Flacchio. *Bruxelles*, 1709, *3 vol. in-fol. max. fig. bas.*

1182. Regum Pariumque Magnæ Britanniæ Historia genealogica, auct. J. W. Im-Hoff. *Norimb.* 1690, *in-fol. cart.* = Excellent. familiarum in Gallia genealogiæ, auct. eodem. *Norimb.* 1687, *in-fol. vél.*

1183. Monarquia española, blason de su nobleza, por D. J. F. F. de Rivarola y Pineda. *En Madrid*, 1736, 2 *vol. in-fol. dem. rel.*

ANTIQUITÉS.

Rites et Coutumes des Peuples anciens.

1184. De l'Origine des Lois, des Arts et des Sciences chez les anciens peuples, par Goguet. *Paris,* 1759, 6 *vol. in-12. fig. v. m.*

1185. L'Antiquité expliquée et représentée en figures, avec le Supplément, par D. B. de Montfaucon. *Paris*, 1722 *et* 1724, 15 *vol. in-fol. fig. v. m. Gr. Pap.*

1186. Oct. Ferrarii analecta de re vestiaria. *Patav.*

1177. Car.

1178. Car.

revendus imparfait

p.

Merlin

1180. Byron.

Guillemot.

Malafait.

1183. C.

~~1184. goe.~~

Porquet.

revendus pour de fortes dechirures   Meilhac

avec dix bouquins   Chimot.

Colas.

guillemot.

Dondey Dupré.

Le tellier

p.

malafait.

Dabin

p.

Dabin

1189. goe. et

1670. = Ejusd. Electorum lib. duo. *Patav.* 1679, *in-4. fig. v. b.*

1187. Pandectæ triumphales, sive pomparum et festorum, etc. tomi duo, auct. F. Modio. *Francof. ad Mœn.* 1586, *in-fol. fig. vél.*

1188. M. Meibomii de Fabrica triremium liber. *Amst.* 1671, *in-4. fig. vél.*

Rites des Égyptiens, des Grecs, etc.

1189. L. Pignorii Mensa isiaca, qua sacrorum apud Ægyptios ratio, etc. explicatur. *Amst.* 1670, *in-4. fig. v. b.*

1190. Science hiéroglyphique, ou Explication des figures symboliques des anciens. *La Haye*, 1746, *in-4. fig. cart.*

1191. Lettre à M. Dacier, relative à l'alphabet des hiéroglyphes phonétiques, par M. Champollion le jeune. *Paris*, 1822, *in-8. fig. br.* = Observations crit. et archéolog. sur l'objet des représentations zodiacales, par M. Letronne. *Paris*, 1824, *in-8. fig. br.*

1192. J. P. Pfeifferi antiquit. græcarum, gentilium lib. IV. *Regiomonti*, 1707, *in-4. vél.*

1193. Antiquitatum romanarum corpus absolutiss. edente T. Demptero. *Colon.* 1619, *in-4. vél.*

1194. Antiquitatum romanarum corpus, studio A. Schotti. *Colon. Agripp.* 1662, *in-4. cart.*

1195. J. Rosini romanarum antiquitatum corpus, cum not. *Amst.* 1685, *in-4. fig. vél.*

1196. Novus Thesaurus antiquitatum romanarum, congestus ab A. H. de Sallengre. *Hag. Com.* 1716, 3 *vol. in-fol. fig. dem. rel.*

1197. B. G. Struvii antiquit. romanarum syntagma. *Jenæ*, 1728, *in-4. fig. bas.* = Antiquités romaines expliquées dans les Mémoires du comte de B.... *La Haye*, 1750, *in-4. fig. v. m.*

1198. G. H. Nieupoort Rituum qui olim apud

Romanos obtinuerunt succincta explicatio. *Berolini*, 1767, *in-8. dem. rel.*

1199. I tali ed altri strumenti lusori degli antichi Romani, descrit. da F. de Ficoroni. *In Roma*, 1734, *in-4. fig. vél.* = Le Maschere sceniche e le Figure comiche d'antichi Romani, descrit. dal medesimo. *In Roma*, 1736, *in-4. fig. vél.*

1200. Funérailles et diverses manières d'ensevelir des Romains, par C. Guichard. *Lyon*, 1581, *in-4. dem. rel.* = Discours de la religion des anciens Romains, par G. du Choul. *Lyon*, 1581, *in-4. fig. dem. rel.*

1201. E. Schedii de diis germanis, sive vet. Germanorum, Gallorum, etc. religione syntagmata IV. *Halæ*, 1728, *in-12. v. b.*

Histoire lapidaire. Inscriptions, etc.

1202. D. Gr. Placentinii de siglis vet. Græcorum opus. *Romæ*, 1757, *in-4. fig. dem. rel.*

1203. Marmora felsinea, a C. C. Malvasia. *Bononiæ*, 1690, *in-fol. fig. vel.*

1204. Inscriptiones antiquæ totius orbis romani, cura J. Gruteri. *Amst.* 1707, 4 *vol. in-fol. fig. dem. rel.*

1205. Em. Thesauri inscriptiones quotquot reperiri potuerunt. *Colon. Brandenb.* 1671, *in-4. vél.*

1206. Museum Veronense, hoc est antiquar. inscriptionum collectio. *Veronæ*, 1749, *in-fol. fig. v. b.*

1207. Diptychon Leodiense, ex consulari factum episcopale, et in illud comment. A. Withemii. *Leodii*, 1659, *in-fol. fig. vél.*

HISTOIRE MÉTALLIQUE.

Introduction à la science des Médailles, etc.

1208. Historiæ rei nummariæ vet. scriptores aliquot insigniores, edente A. Rechenbergio. *Lipsiæ*, 1692, *in-4. cart.*

1199. Letr.

p.

p.

p.

1204. Luch. x z+ Letr. g rep. iz+ not.
1205. Letr.
1206. Letr. grep. am+

garnot.

1210. C.

Martin

martin   1212. Coul.

martin

Colas.

martin

garnot.

idem

garnot.   1219. gry. b+
                          1220. Luch. ah+

1209. Dialoghi di A. Agostini sopra le medaglie,
ed altre antichita. *In Roma*, 1736, *in-fol. fig.*
vél.

1210. H. J. Rytemeister delineatio rei numisma-
ticæ ant. et recent. *Helmestadii*, 1737, *in-4.*
dem. rel. avec des notes manuscrites.

1211. Ez. Spanhemii dissert. de præstantia et usu
numismatum antiq. *Romæ*, 1764, *in-4. bas.* =
E. Froelich quatuor tentamina in re numaria
vetere. *Viennæ*, 1737, *in-4. fig. bas.*

1212. La science des Médailles, (par le p. H.
Jobert.) *Paris*, 1715, 2 *vol. in-12. fig. v. m.*

1213. Romanæ et græcæ antiquitatis Monum. e
priscis numismat. eruta, per H. Goltzium.
Antuerp. 1645, 5 *vol. in-fol. fig. vél.*

1214. Thesaurus select. numismatum antiquorum
auct. J. Oiselio. *Amst.* 1677, *in-4. fig. vél.*

1215. Miscellanea numismatica in quibus exhibentur populorum, insigniumque virorum numismata omnia, edente D. Magnan. *Romæ*, 1772,
2 *vol. in-4. obl. fig. cart.*

1216. Antiqua numismata max. moduli aurea,
argentea, ærea, ex museo card. A. Albani in
vaticanam bibliothecam translata, et a R. Ve-
nuto notis illust. *Romæ*, 1739, 2 *tom. en* 1 *vol.*
in-fol. fig. bas.

1217. Numismata antiq. a Jac. Musellio collecta et
edita. *Veronæ*, 1750, 3 *vol. in-fol. fig. bas.*

1218. Numismata cimelii Cæsar. reg. austriaci vin-
dobonensis. *Vindob.* 1754, 2 *tom. en* 1 *vol.*
in-fol. fig. bas.

1219. Gotha numaria, sistens thesauri Fridericiani
numismata antiq. auct. C. S. Liebe. *Amst.* 1730,
in-fol. fig. vél.

1220. N. F. Haym Thesauri britannici partes
duæ, museum numarium, interpr. A. Comite

Cristiani et J. Khell. *Vindobonœ*, 1763 *et* 1765, *in-4. fig. bas.*

1221. Médailles du cabinet de la reine Christine, expliquées par un comment. en lat. et en franç. par S. Havercamp. *La Haye*, 1742, *in-fol. fig. dem. rel.*

Médailles romaines, etc.

1222. R. Streinnius, de gentibus et familiis romanorum. *Venetiis, ex Ædib. Manutianis*, 1571, *in-4. vél.*

1223. Familiæ romanæ in antiq. numismatibus ab urbe condita, ad tempora Augusti, auct. C. Patin. *Parisiis*, 1663, *in-fol. fig. vél.*

1224. Thesaurus Morellianus, sive familiarum romanarum numismata, disposita ab A. Morellio, ed. S. Havercampo. *Amst.* 1734, 2 *vol. in-fol. fig. bas.*

1225. Imperatorum romanorum imagines, ex ant. numism. delineatæ, cum eorum vitis. *Tiguri*, 1559.=Augustissim. imperatorum, regum, etc. imagines. *OEniponti*, 1621, *in-fol. fig. vél.*

1226. Portraits de tous les empereurs depuis J. César jusqu'à Ferdinand, avec ceux des impératrices, de leurs enfants, etc. 1 *vol. in-8. sans titre, orné de médailles, bas. en allemand.*

1227. Imperatorum roman. numismata ex ære, descripta per Car. Patinum. *Argent.* 1671, *in-fol. fig. v. b.*

1228. I Cesari raccolti nel Farnese museo colle loro interpretazioni, dal padre P. Pedrusi. *In Parma*, 1694, 9 *vol. in-fol. fig. dem. rel.*

1229. J. P. Bellorii adnotationes in XII priorum Cæsarum numismata, ab Æn. Vico edita. *Romæ*, 1730, *in-fol. fig. vél.*

1230. Numismata imperatorum romanorum præstantiora, per J. F. Vaillant, ed. J. F. Baldino. *Romæ*, 1743, 3 *vol. in-4. fig. v. b.*

Malafait.

1223. goe. et

merlin

auvray

gab-wari

Dubin

garnot.

revendu a cause de notes manuscrits ~~Alexandre~~
merlin.

truchy

Merlin

10cmo

garnot.

1238. Letr.

gab. Waric

1231. Imperatorum romanorum numismata, a Pompeio Magno ad Heraclium, ab A. Occone congesta, ab A. F. Mediobarbo Birago not. illustr. curante Ph. Argelato. *Mediol.* 1730, *in-fol. fig. cart.*

1232. Numismata imperat. romanorum, a Trajano Decio ad Paleologos, studio A. Banduri. *Lut. Paris.* 1718, 2 *tom. en* 1 *vol. in-fol. fig. bas.*

1233. Numismata ærea imperatorum, augustarum, Cæsarum in coloniis, municipiis, etc. jure latio donatis percussa, auct. J. Foy-Vaillant. *Parisiis,* 1695, 2 *part. en* 1 *vol. in-fol. fig. vél.*

1234. Recueil de Médailles de peuples et de villes, par J. Pellerin. *Paris,* 1763, 3 *vol.* = Mélanges de diverses Médailles, par le même. 1765, 2 *vol.* = Supplémens aux recueils des Médailles. 1765, 2 *vol.* = Lettres du même. 1770, 1 *vol. en tout* 8 *vol. in-4. fig. v. m.*

1235. Numismata pontificum roman. explicata a Ph. Bonanni. *Romæ,* 1699, 2 *vol. in-fol. fig. v. b.*

1236. Doctrina de Ponderibus, Monetis et Mensuris per totum orbem usitatis, per Dan. Angelocratorem. *Francof.* 1628, *in-4. cart.*

1237. De re monetaria vet. Romanorum lib. duo, auct. Marq. Frehero. *Lugduni,* 1605. = Sciagraphia juris monetandi imperii romano germanici, germanice. *Leipzig,* 1745, *in-4. vél.* = De Monetis et re numaria lib. duo. *Colon. Agrip.* 1591, *in-4. vél.*

1238. J. F. Gronovii de Sestertiis lib. IV. *Lugd. Bat.* 1691, *in-4. vél.*

1239. Cabinet des Monnaies de cuivre frappées en Allemagne. *Leipzig,* 1739, 14 *vol. in-12. fig. bas. en allemand.*

Exemplaire intercalé de papier blanc avec quelques notes manuscrites.

Monumens d'antiquités de différens pays.

1240. Les restes de l'ancienne Rome, mesurés et gravés par B. d'Overbeke. *La Haye*, 1763, 3 *tom. en* 1 *vol. in-fol. fig. dem. rel.*

1241. Les plus beaux monumens de Rome ancienne, dessinés par Barbault. *Rome*, 1761, *in-fol. fig. dem. rel.*

1242. J. Schilteri Thesaurus antiquitatum teutonicarum ecclesiasticarum, civilium, etc. *Ulmæ*, 1728, 3 *vol. in-fol. v. b.*

1243. J. D. Schœpflini alemanicæ antiquitates. *Argent.* 1723, *in-4. dem. rel.* = Geographia curiosa, seu de pagis antiquæ præsertim Germaniæ comment. ex variis scriptor. editus. *Francof. ad Mœn.* 1699, *in-4. vél.*

1244. Monumenta paderbornensia, ex histor. romana, francica, saxonica eruta. *Francof.* 1713, *in-4. fig. v. éc.*

1245. Monumenta sueo-gothica, auct. J. Peringskiold, suecice et lat. *Stockolmiæ*, 1710. = Ejusd. Monum. ullerakerensia, cum upsalia nova, illustrata, suecice. *Stockholm.* 1719, *in-fol. fig. v. b.*

1246. T. Bartholini antiquit. danicarum lib. III. *Hafniæ*, 1689, *in-4. fig. dem. rel.*

Obélisques, Pierres gravées, etc.

1247. Columna Trajana, cum nova descriptione A. F. Gorii. *Amst.* 1752, *in-fol. fig. cart.*

1248. Le antiche statue greche e romane che in luoghi publici di Venezia si trovano. *Venezia*, 1740, 2 *vol. in-fol. fig. m. r. dent.*

1249. L'Oresteide, ou description de deux bas-reliefs du palais Grimani, à Venise, par Millin. *Paris*, 1817, *in-4. fig. br.*

1250. Dactyliothèque, ou recueil de pierres gra-

1242. Luch. mh+   p.

                                        a Mivay

                                        Simonet.

                    avec un 2º Exempl. des monuments
                    paderbornensis   Colar.

1245. Luch. iz+ ihß.

1246. goe. az+ gveß. n+

                                        Colar.

                                        Klaprotho.

1249. Letr.

~~1250. dub.~~ 1250. ihß.

martin

martin

p.

1256. lus.

martin

1258. Luch. am.t

fayolle

garnot.

vées des anciens, publiées par Lippert. *Leipzig,* 1767, *2 tom. en* 1 *vol. in-4. vél. en allemand.*

1251. Museum Odescalchum, sive thesaurus antiquarum gemmarum quæ in Museo Odescalcho adservantur, à P. Sante Bartolo incisæ. *Romæ,* 1751, *2 tom. en* 1 *vol. in-fol. fig. vél.*

1252. Monumens des douze Césars, d'après une suite de pierres et de médailles. 1782, *in-8. fig. v. éc.*

1253. Osservazioni istoriche di D. M. Manni sopra i sigilli antichi de secoli bassi. *In Firenze,* 1739, 11 *part. en* 4 *vol. in-4. fig. dem. rel.*

1254. J. M. Heineccii de veter. Germanorum aliarumque nationum Sigillis syntagma histor. *Francof.* 1719, *in-fol. fig. bas.*

1255. Lucernæ fictiles musæi Passerii. *Pisauri,* 1739, *in-fol. fig. cart.*

1256. L. Begeri Opuscula, scilicet : Pœnæ infernales Ixionis, Sisyphi et Danaidum. *Colon. Marchicæ,* 1703, *fig.* = Alcestis pro marito moriens. *Ibid.* 1703, *fig.* = De nummis Cretensium serpentiferis disquis. *Ibid.* 1702, *in-fol. fig. vél.*

1257. Romanum Museum, sive thesaurus conditæ antiquit. auct. M. A. Causeo de la Chausse. *Romæ,* 1746, *2 vol. in-fol. fig. vél.*

1258. Museum Cortonense, in quo vetera monumenta complectuntur, atque a F. Valesio, A. F. Gorio, etc. notis illustr. *Romæ,* 1750, *in-fol. fig. bas.*

1259. Le cabinet de la Bibliothéque de Sainte-Geneviève, par C. du Molinet. *Paris,* 1692, *in-fol. fig. v. b.*

1260. Thesaurus ex thes. Palatino selectus, sive gemmarum et numismatum quæ in electorali Cimeliarchio continentur, auct. L. Begero. *Heidelbergæ,* 1685, *in-fol. fig. vél.* = Numismata pontif. roman. aliorumque ecclesiasticorum ra-

riora , ex Cimeliarchio reg. elector. branden-
burgico selecta, aut. eodem. *Colon. Brand.* 1704,
in-fol. fig. dem. rel.

Histoire littéraire, etc.

1261. G. Paschii de novis inventis tractatus. *Lipsiæ,* 1700, *in-4. vél.*

1262. Historia litteraria, sive conspectus poli-his-
toricus reipublicæ litterariæ, a Dⁿᵒ. J. G. C. A.
de Honvlez-Ardenne. *Francofurti ad Mœnum,*
1762, *in-8. m. r. dent.*

1263. Histoire littéraire depuis son origine jusqu'aux temps les plus récens, par Eichhorn.
Gottingue, 1805, 6 *tom. en* 12 *vol. in-8. br. en
allemand.*

Il manque la deuxième partie du tome v.

1264. Abrégé d'une Histoire génerale de l'érudi-
tion, par J. A. Fabricius. *Leipzig,* 1752, 3 *vol.
in-8. bas. en allemand.*

1265. Manuel de Littérature classique ancienne,
par Eschenburg, trad. de l'allem. *Paris, l'an* x,
(1802,) 2 *vol. in-8. bas.*

1266. Histoire littéraire d'Italie , par Ginguené.
Paris, 1811, *in-8. bas. les tom.* 1 *à* 5.

1267. Histoire littéraire de la France, par des religieux Bénédictins. *Paris,* 1733, 10 *vol. in-4.
vél.*

1268. Histoire et Mémoires de l'Académie Royale
des Inscriptions et Belles-Lettres. *Paris,* 1736,
39 *vol. in-4. fig. v. m.*

Il manque le tome 1ᵉʳ; plusieurs volumes sont très tachés
de pourriture.

1269. Histoire et Mémoires de l'Académie des
Sciences. *Paris,* 1733, *et ann. suiv.* 146 *vol. in-4.
fig. v. m. et v. f.*

Savoir : Années 1666 à 1699, 11 tomes en 13 vol.
= 1699 à 1790, 93 vol. = Machines, 7 vol. = Ta-

1261. inf.
1262. C. dur. p^t

aillard.

1264. C.
1265. C. of.

Letellier

Le Comte

Merlin

les quinze 1ers vol sont parmi.
les tomes 30 et suivants étaient bons. Klaproth.

Merlin

Chud.

Le Comte

1273. luf.

malafait.

Chuid

1278. luf.

malafait.

bles, 8 vol. = Prix, 9 vol. = Savans étrangers, 11 vol. = Grandeur de la terre, 1720, 1 vol. = Géométrie de l'infini, 1727, 1 vol. = Aurore boréale, 1733, 1 vol. = Méridienne de Paris, 1744, 1 vol. = Mémoires de Fontaine, 1770, 1 vol.

1270. Mémoires de l'Institut : Sciences mathématiques et physiques, Sciences morales et politiques, Littérature et Beaux-Arts. *Paris, l'an* vi, (1798,) 12 *vol. in-4. cart.*

1271. Mémoires de l'Académie Royale de Prusse, extraits par Paul. *Paris,* 1770, 7 *vol. in-12. fig. v. m.*

1272. Abrégé des Transactions philosoph. de la Société roy. de Londres, trad. de l'angl. *Paris,* 1790, 9 *vol. in-8. br.*

1273. De veter. hæreticis ecclesiasticorum codicum corruptoribus, auct. B. Germon. *Parisiis,* 1713 , *in-8. v. b.*

1274. J. Fontanini Vindiciæ antiq. diplomatum, adversus R. Germonii disceptationem. *Romæ,* 1705, *in-4. vél.*

1275. Annales de l'Imprimerie des Alde , par M. Renouard. *Paris,* 1803, 2 *tom. en.* 1 *vol. in-8. dem. rel.*

BIBLIOGRAPHIE.

Bibliographes généraux, etc.

1276. Jugemens des savans sur les principaux ouvrages des auteurs, par A. Baillet. *Paris,* 1722, 7 *vol in-4. v. m. Gr. Pap.*

1277. Bibliographie instructive, par G. F. de Bure le jeune. *Paris,* 1763, 7 *vol. in-8. v. m. et dem. rel.*

1278. Dictionnaire général de Bibliographie, par F. A. Ebert, en allemand. *Leipzig,* 1821, 2 *vol. in-4. vel. et v. b. dent.*

Ces deux volumes contiennent les lettres A à S.

1279. V. Placcii theatrum anonymorum et pseudonymorum, edente J. A. Fabricio. *Hamburgi,* 1708, *in-fol. v. b.*

25-55 1280. Dictionnaire des ouvrages anonymes et pseudonymes, par Barbier. *Paris,* 1822, *in-8.* dem. rel. *les tomes* 1, 2 *et* 3.

1. 50 1281. Dissertation sur 60 traductions françaises de l'imitation de Jésus-Christ, par Barbier. *Paris,* 1812, *in-12. br.*

8. 5 1282. Bibliotheca hist. selecta, auct. B. G. Struvio. *Jenæ,* 1740, 2 *vol. in-8. bas.* = Ejusd. introd. in notitiam rei litterariæ, curante Fischero. *Francof.* 1754, 2 *vol. in-8. dem. rel.*

1 . 50 1283. Bibliothéque des Voyages les plus modernes et les plus intéressans, par Sprengel. *Weimar,* 1800, 5 *tom. en* 7 *vol. in-8. cart. en allemand.*
Il manque la deuxième partie des tomes 2 et 3.

6 - - 1284. Nova Bibliotheca auct. ecclesiasticorum, auct. L. E. Dupin. *Parisiis,* 1692, 2 *vol. in-4. vél.*
1285. La France littéraire, contenant les auteurs françois de 1771 à 1796, par J. S. Ersch. *Hambourg,* 1797, 4 *vol. in-8. bas.*

10. 50 1286. Scriptorum Poloniæ et Prussiæ historicorum, politic. etc. catalogus et judicium, auct. D. Braun. *Colon.* 1723, *in-4. cart.*

Bibliographes périodiques ou Journaux, etc.

30 - - 1287. Actes des savans allemands, par J. Bohn, depuis l'année 1713 jusques et y compris l'année 1739. *Leipzig,* 1713 *et années suivantes,* 19 *vol. in-12. vél. en allemand.*

8 . 50 1288. Archives politiques de l'Allemagne, par J. J. Moser. *Hanau,* 1752 à 57, 11 *vol. in-4. bas. en allemand.*

13 . 55 1289. L'Année littéraire, par Fréron. *Paris, années* 1754 à 1766, 67 *vol. in-12. v. m.*

5 -95 1290. Journal pour l'histoire des Arts et de la littérature, par C. G. de Murr. *Nuremberg,* 1775

p.

1282. dur. n+

clud.

merlin

1286. C. inf.

1287. C. inf.

chud.

idem
truchy

Clwd.

p.

Merlin

Fluid.

1296. C.

truchy.

Rouncan

1299. Letr.

1300. Letr. dur. az⁺

1301. liy. ✳

et années suivantes, 10 *vol. in-*12. *br. et dem. rel. en allemand.*

1291. Revue littéraire pour les années 1785 à 1800, publiée comme feuilles de supplément à la Gazette générale littéraire de cette époque. *Leipzig,* 1801, 3 *vol. in-*4. *cart. en allemand.*

1292. Le Point du jour. *Paris,* 1789, 26 *vol. in-*8. *dem. rel.*

1293. Moniteur universel, commençant en messidor an VIII, (juin 1800,) jusqu'à décembre 1815, 26 *vol. in-fol. cart.* = Tables de 1787-1799. *Paris,* 1801, 4 *vol. in-fol. br.*

1294. Annales européennes, en allemand, de 1800 à 1803. *Tubinge,* 1800, 8 *vol. in-*8. *cart.*

1295. Gazette générale de littérature d'Iéna, années 1800, 1801 et 1802. 10 *vol. et* 13 *cahiers in-*4. *br. et cart. en allemand.* = Répertoire du même Journal, les années 1785 à 1790. *Iéna,* 1793, 3 *vol. in-*4. *cart. en allemand.*

1296. Le Génie du temps, par Aug. Henning. *Altona,* 1800 *et* 1801, *deux années en* 23 *cahiers in-*12. *br. en allemand.*

1297. Revue encyclopédique, les années 1819 à 1825. *Paris,* 1819, *in-*8. *en cahiers.*

1298. Annales politiques générales, publiées par F. Murhard. *Stuttgard,* 1821 *à* 1825, 16 *vol. en* 64 *cahiers in-*8. *br. en allemand.*

1299. Museum italicum, seu collect. vet. scriptorum in bibliothecis italianis, eruta à J. Mabillon. *Parisiis,* 1687, 2 *vol. in-*4. *fig. v. b.*

1300. Anecdota quæ ex Ambrosianæ bibliothecæ codicibus nunc primum eruit, notis auget L. A. Muratorius. *Mediol.* 1697, 4 *tom. en* 1 *vol. in-*4. *vél.*

1301. Reliquiæ manuscriptorum omnis ævi, diplomatum ac monument. etc. ex museo J. P. Ludewig. *Francof.* 1720, 12 *vol. in-*8. *bas.*

1302. Raim. Duellii Miscellanea quæ ex cod. mss. collegit. *Aug. Vind.* 1723, 2 *vol. in-4. v. b.*

Biographie générale, etc.

1303. Le grand Dictionnaire historique, par L. Moreri. *Paris*, 1759, 10 *vol. in-fol. v. m.*

1304. Dictionnaire historique et critique, par P. Bayle. *Rotterd.* 1720, 4 *vol. in-fol. v. b.*

1305. Dictionnaire historique et crit. par P. Bayle, trad. en allemand. *Leipzig*, 1741, 4 *vol. in-fol. bas.*

1306. Analyse raisonnée de Bayle. *Londres*, 1755, 8 *vol. in-12. dem. rel.*

1307. Biographie universelle, ancienne et moderne. *Paris*, 1811, 42 *vol. in-8. dem. rel.*

1308. Galerie hist. des hommes les plus célèbres, par Landon. *Paris*, 1805, 11 *vol. in-12. fig. cart.*

1309. Les Vies de Plutarque, trad. du grec par Amyot. *Paris*, 1811, 16 *vol. in-12. v. porph. dent.*

1310. C. Nepotis Opera quæ exstant. *Patavii*, 1733, *in-12. v. f.*

1311. Iconographie grecque, par E. Q. Visconti. *Paris, Didot l'aîné*, 1811, 3 *vol. in-4. et atlas in-fol. cart.*

1312. Iconographie romaine, par MM. E. Q. Visconti et Mongez. *Paris, Didot aîné*, 1818, *les tomes* 1 *et* 2 *in-4. et atlas in-fol. cart.*

Biographie moderne, générale et particulière, etc.

1313. Icones, sive imagines virorum litteris illustr. cum eorum elogiis, ex recogn. N. Reusneri. *Argent.* 1590, *in-8. dem. rel. fig. enluminées.*

1314. Icones virorum illustrium doctrina et eruditione præstantium, cum eorum vitis, à J. J. Boissardo. *Francof.* 1596, 2 *tomes en* 1 *vol. in-4. fig. vél.*

1315. Theatrum virorum aliquot illustrium, auth. G. Bates. *Oxonii, e Theatro Sheldon.* 1704, *in-4.*

1311. or 1312. flo. mxz+

Crozet.

Meilhac

Letellier

φ

mequignon jr.

Colas.

garnot.

Colas.

Robenichet

Defer

Martin

Durand.

Colas.
idem

Merlin

p.

p.

Deflorenne

Lemoine et Durand.

Merlin

idem

1326. C. Dur. h⁺y

vél. — De illustribus Alemannis commentatio, auct. U. G. Sibero. *Lipsiæ*, 1710, *in-4. cart.*

1316. Dictionnaire des Savans, par Jœcher. *Leipzig*, 1733, 2 *vol. in-8. bas. en allemand.*

1317. Illustrium Jureconsultorum Imagines, etc. *Romæ*, 1566, *in-4. fig. v. b.*

1318. Galerie françoise, ou Portraits des hommes et des femmes célèbres qui ont paru en France, par Gautier Dagoty. *Paris*, 1770, *in-fol. fig. dem. rel.*

1319. La France illustre, ou le Plutarque françois, par Turpin. *Paris*, 1777, 2 *vol. in-4. fig. cart.*

1320. Tableau hist. de l'esprit et du caractère des littérateurs françois, (par Taillefer.) *Paris*, 1785, 4 *vol. in-8. v. m.*

1321. Prosopographia heroum atque illustr. virorum totius Germaniæ, auct. H. Pantaleone. *Basil.* 1565, 2 *tom. en* 1 *vol. in-fol. fig. v. b.*

1322. Vitæ germanorum jureconsultorum polit. et philosoph. qui superiori sæculo, et quod excurrit floruerunt, concinnatæ a M. Adamo. *Heidelb.* 1620, 2 *tom. en* 1 *vol. in-8. vél.*

1323. Bibliotheca Belgica, sive virorum in Belgio vita scriptisque illustrium catalogus, cura J. F. Foppens. *Bruxellis*, 1739, 2 *vol. in-4. dem. rel.*
On a inséré beaucoup de portraits dans cet exempl.

Vies des Hommes illustres françois, etc.

1324. Vie de L. Balbe-Crillon, surnommé le Brave. *Paris*, 1757, 2 *vol. in-12. v. f.*

1325. Histoire de Louis de Bourbon, prince de Condé, par Desormeaux. *Paris*, 1766, 4 *vol. in-12. fig. bas.*

1326. Vita del Pad. P. Canisio, delle Compagnia di Gesu, da Longaro degli Oddi. *In Napoli*, 1755, *in-4. v. dent.*

1327. Vita di Don Pietro Giron, duca d'Ossuna,

{ scritta da Greg. Leti. *Amst.* 1699, 3 *vol. in-*12. *bas.*
1328. Histoire de Cromwel, par A. Villemain. *Paris*, 1819, 2 *vol. in-*8. *dem. rel.*

1329. La Vie de Guill. Penn, fondateur de la Pensilvanie, par Marsillac. *Paris*, 1791, 2 *tomes en* 1 *vol. in-*8. *dem. rel.*

1330. Entretiens sur les Vies et sur les Ouvrages des plus excellens peintres, par Felibien. *Trévoux*, 1725, 6 *vol. in-*12. *br.*

1331. Histoire de la Vie et des Ouvrages de Raphaël, par M. Quatremère de Quincy. *Paris*, 1824, *in-*8. *br.*

1332. J. J. Hoffmanni Lexicon universale historico, geographico, chronolog. philologicum. *Basil.* 1677, *in-fol. vél.* = Ejusdem Lexici continuatio. *Basil.* 1683, 2 *vol. in-fol. vél.*

1333. Le grand Dictionnaire universel, par J. H. Zedler et J. P. Von Ludewig, en allemand. *Halle et Leipsig*, 1733, 64 *vol. in-fol. v. b.*

ADDITION.

1. Petri Blesensis Opera, ex ed. P. Degussanville. *Paris.* 1667, *in-fol. v. b.*

2. Traité des Arbres et Arbustes que l'on cultive en France en pleine terre, par Duhamel. *Paris*, 1804, *les tomes* 1, 2 *et* 3, *et* 6 *livr. du tom.* 4ᵉ, *in-fol. fig. en feuilles.*

3. Les Liliacées, par Redouté. *Paris*, 1802, *les tomes* 1, 2 *et* 3, *in-fol. en feuilles, fig. color.*

4. Les Pigeons, par madame Knipp, née P. Decourcelles; le texte par C. J. Themminck. *Paris*, 1808, *gr. in-fol. br. fig. color.*

5. Medical repository, by Mitchill, Miller and Smith. *New-Yorck*, 1800 à 1809, 12 *vol. in-*8. *v. f.*

6. Description des Maladies de la Peau, et Exposition des meilleures méthodes suivies pour

1328. Bron. e+   Merlin

                                  Merlin

1331. grep. h+ of.

                                  Cluid

1333. C.

                                  Merlin

                                  Rousseau

                                  idem

                                  g. Warée.

5. C.

                                  Meilhac.

Merlin

idem

idem

porquet.

malafait.   mouillé.

aubrey

mcquignon j'

Descarrieres.

malafait.

Merlin

malafait.

leur traitement, par M. Alibert. *Paris*, 1806,
les 9 *premières livr. in-fol. br. fig. color.*

7. F. Mersenni universæ Geometriæ mixtæque
Mathemat. Synopsis. *Paris.* 1644, *in-4. parch.*
8. N. Copernici Astronomia instaurata, opera N.
Mulerii. *Amst.* 1617, *in-4. v. b.*

9. F. Leveræ prodromus universæ Astronomiæ res-
titutæ. *Romæ*, 1663, *in-fol. v. b.*

10. C. Longomontani Astronomia danica emen-
data et aucta. *Amst.* 1640, *in-fol. v. b.*
11. J. A. Euleri Theoria motuum Lunæ, nova
methodo pertractata, opus dirig. L. Eulero.
Petropoli, 1772, 2 *vol. in-4. v. b.*

12. Encyclopédie ou Dictionnaire des Sciences, etc.
par Diderot et d'Alembert. *Paris*, 1751, 33 *vol.
in-fol. fig. v. m.*

13. Adagia, sive Proverbia Græcorum, gr. et lat.
ed. A. Schotto. *Antuerp.* 1612, *in-4. v. b.*

14. Carte topographique de la Guyenne, par Bel-
leyme. 46 *cart. in-fol. dans un portefeuille.*

15. Voyage dans le Levant, en 1817 et 1818, par
M. le comte de Forbin. *Paris, Imp. Roy.* 1819,
in-fol. max. fig. br. en carton.

16. Neustria pia, seu de omnibus et singulis ab-
batiis et prioratibus totius Normaniæ, auct.
A. du Monstier. *Rothomagi*, 1663, *in-fol. v. b.*

17. J. Trithemii Annales Hirsaugienses. *Typis Mo.
nasterii S. Galli*, 1690, 2 *vol. in-fol. v. b.*

18. Descripcion del real Monasterio de S. Lo-
renzo de el Escorial, por F. de los Santos. *Madrid*, 1698, *in-fol. fig. vél.*

19. Acta Sanctorum quotquot toto orbe coluntur,
collegit et notis illustravit J. Bollandus, etc.
Antuerpiæ, 1643-1786, 50 *vol. in-fol. vél.*
Il manque le tome 2 du mois de juin et le tome 6 d'octobre,
qui est le dernier volume imprimé.

20. Pièces fugitives pour servir à l'Histoire de

France, (par d'Aubais et Menard.) *Paris*, 1759, 3 *vol. in-4. v. b.*

1 . 60

21. Mémoires de M. de Saint-Hilaire, contenant ce qui s'est passé de la mort de Mazarin à celle de Louis XIV. *Amst.* 1766, 4 *vol. in-12. br.*

22. Codice diplomatico di Sicilia, sotto il governo degli Arabi, da A. Airoldi. *Palermo*, 1789, *in-4. parch.*

Il n'y a que la partie 1re du tome 1er.

60 - - - - 23. Paris et ses Monumens, par Baltard, avec des descriptions historiques, par Amaury Duval. *Paris*, 1803, 24 *livr. fig. en feuilles.*

8 - - - - 24. Antiquités de la ville et comté de Corbeil, par J. de la Barre. *Paris*, 1647, *in-4. parch.*

7 - . - - 25. Mémoires des pays, villes, comté, etc. de Beauvais et Beauvaisis, par A. Loisel. *Paris*, 1617, *in-4. v. b.*

10 - - 5 26. Mémoires pour servir à l'histoire de la province du Vermandois, par L. P. Colliette. *Cambray*, 1771, 2 *vol. in-4. v. b.*

3 - - 5 . 27. Inventaire de l'histoire de Normandie, (par Eustache, sieur d'Anneville.) *Rouen*, 1646, *in-4. parch.*

3 . 5 28. Histoire civile et ecclésiastique du comté d'Évreux, par P. Le Brasseur. *Paris*, 1722, *in-4. v. b.*

2 - - - 29. Recueil en forme d'histoire de la ville et des comtes d'Angoulême, par F. de Corlieu. *Angoulême*, 1631, *in-4. v. b.*

7 - - - 30. Rerum Burgundionum Chronic. ex Biblioth. historica N. Vignierii. *Basileæ*, 1575, *in-4. v. b.*

31. De l'origine des Bourguignons et Antiquités des Etats de Bourgogne, etc. par P. de Saint-Julien. *Paris*, 1581, *in-fol. v. b.*

5 - - 32. Recherches et Mémoires servant à l'histoire de l'ancienne ville et cité d'Autun, par J. Mu-

p

p.

Kilian

idem

idem

Damis l'ainé.

porquet.

Merlin

Chinot.

idem

Decartieres.

p.

· Decartiere

porquet.

idem

idem

p

p.

nier, revue par C. Thiroux. *Dijon*, 1660, *in-4.
parch.*

33. L'illustre Orbandale, ou Histoire ancienne et
moderne de la ville et cité de Châlons-sur-Saône,
(par L. Bertaud et P. Cusset.) *Lyon*, 1662, 2
vol. in-4. v. b.

34. Histoire universelle, civile et ecclésiastique
du pays de Forez, par J. M. de la Mure. *Lyon*,
1674, *in-4. v. b.*

35. Les origines de la ville de Clairmont, par J.
Savaron, et la Génealogie de la famille de Senec-
terre, par P. Durand. *Paris*, 1662, *in-fol. v. b.*

36. Chronique bourdeloise, par G. de Lurbe,
augmentée par J. Darnalt. *Bourdeaux*, 1619,
in-4. parch.

37. Histoire de la ville de Montauban, par H. le
Bret. *Montauban*, 1668, *in-4. v. b.*

38. Traité du comté de Castres, des seigneurs
d'icelui, etc. *Tolose*, 1633, *in-4. parch.*

39. Histoire de la province d'Alsace, par le P. L.
Laguille. *Strasbourg*, 1727, *in-fol. fig. v. b.*

40. Commentarii de re diplomatica Imperatricum,
augustarum et reginarum Germaniæ, auct. J.
Heumanno. *Norimb.* 1749, *in-4. v. b.*

41. Succesion de el rey D. Phelipe V en la corona
de España, diario de sus viages desde Versailles
á Madrid, etc. por D. M. de Ubilla y Medina,
marques de Ribas. *Madrid*, 1704, *in-fol. fig. bas.*

42. Inscriptiones sacro-sanctæ vetustatis, ed. P.
Apiano et B. Arnautio. *Ingolstadii*, 1534, *in-fol.
v. b.*

43. Græciæ universæ Numismata, per Hub. Goltzium. *Antuerpiæ*, 1620, *in-fol. fig. v. b.*

44. J. Fontanini Vindiciæ antiquorum diplomatum, adversus B. Germonii disceptationem de
veter. regum Francorum diplomatibus, lib. duo.
Romæ, 1705, *in-4. v. b.*

45. Transactions of the Society for the encourage-
ment of arts, manufactures and commerce.
London, 1783–1815, 33 *vol. in-8. flg. cart.*

46. J. Lannoii regii Navarræ Gymnasii parisiensis
historia. *Paris.* 1677, 2 *vol. in-4. v. b.*

47. Historia et antiquitates Universitatis oxonien-
sis. *Oxonii*, 1674, 2 *tom. en* 1 *vol. in-fol. v. b.*

48. V. Placcii Theatrum anonymorum et pseudonymorum, ed. J. A. Fabricio. *Hamburgi*, 1708,
in-fol. v. b.

49. J. Bartoloccii Bibliotheca magna rabbinica, de
scriptoribus et scriptis hebr. et lat. digestis.
Romæ, 1675, 4 *vol. in-fol.* = Bibliotheca latino-
hebraïca, sive de scriptoribus lat. qui contra
judeos scripsere, auct. J. Imbonato. *Romæ*, 1694,
in-fol. les cinq vol. en feuilles.

5o. A. Oldoini Athenæum Ligusticum, seu syllabus
scriptorum Ligurum. *Perusiæ, 1680, in-4. parch.*

F I N.

DE L'IMPRIMERIE DE CRAPELET,
Rue de Vaugirard, n° 9.

4.f. Byron.

Malafait.
Le comte

Marque litithe,   idem

Barrois l'ainé.

Le Comte.

Montant de l'addition

1.ere page — — — — — — — —   338.f 50.c
2.d° — — — — — — — — — —   795. 70
3.d° — — — — — — — —   106. 75
4.d° — — — — — — — —   29. 35
5.d° — — — — — — — —   133. 10
                                          ————————
                                          1403.f .. 40.c

EXTRAIT

du Catalogue des Livres de Fonds de De Bure *frères, Libraires du Roi et de la Bibliothèque du Roi, rue Serpente, nº 7.*

(Novembre 1826.)

Ouvrages de M. le baron Silvestre de Sacy.

Chrestomathie arabe, ou Extraits de divers écrivains arabes, tant en prose qu'en vers, avec une traduction française et des notes, à l'usage des élèves de l'École royale et spéciale des langues orientales vivantes. Seconde édition, corrigée et augmentée. *Paris, Imprimerie Royale,* 1826, *in-8. br.* Les tomes 1ᵉʳ et 2ᵉ.................................... 42 fr.
> Cette nouvelle édition, imprimée sur papier grand-raisin, est du même format que la Grammaire arabe. Chaque volume, dans lesquels le texte et la traduction sont réunis, contient 700 pages.
> Le tome 3 et dernier est sous presse.

Grammaire arabe. *Paris, Imprimerie Royale,* 1810, 2 *vol. gr. in-8. fig. br.*................................. 24 fr.
— La même, *Papier Vélin, cart.*.................... 48 fr.
Calila et Dimna, ou Fables de Bidpaï, en arabe, précédées d'un Mémoire sur l'origine de ce livre, et suivies de la Moallaka de Lébid, en arabe et en français. *Paris, Imprimerie Royale,* 1816, *in-4. br.*............................ 20 fr.
— Le même ouvrage, *Pap. Vél.*.................... 35 fr.
Pend-Nameh, ou le Livre des Conseils, de Férid-eddin Attar, en persan et en français. *Paris, Imp. Roy.* 1819, *in-8. br.* 20 fr.
— Le même, *Pap. Vél.*............................ 30 fr.
Testament de Louis xvi, avec une traduction arabe. *Paris, Imp. Roy.* 1820, *in-12 br.*.................... 2 fr. 50 c.
— Le même, *Pap. Vél. br.*....................... 5 fr.
Les Séances de Hariri, publiées en arabe, avec un Commentaire choisi. *Paris, Impr. Royale,* 1822, *in-fol. br.*.. 60 fr.
— Les mêmes, *Papier Vélin*...................... 90 fr.
— Les mêmes, *la seconde partie séparément*.......... 30 fr.
> Il ne reste plus que quelques exemplaires de cette seconde partie.

Recherches historiques et critiques sur les Mystères du Paganisme, par M. le baron de Sainte-Croix ; seconde édition, revue et corrigée par M. Silvestre de Sacy, dédiée au Roi. *Paris,* 1817, 2 *vol. in-8 br. avec 2 planches.*.......... 15 fr.
Mémoires sur diverses Antiquités de la Perse. *Paris, de l'Imp. du Louvre,* 1793, *in-4. fig. br.*.................... 15 fr.
— Les mêmes, *Pap. Fin.*......................... 21 fr.

Essai sur les Mystères d'Éleusis, par M. Ouvaroff, troisième édition, donnée par M. de Sacy. *Paris, Imp. Roy.* 1816, *in-8. br*.. 3 fr.

— Le même, *Pap. Vél*.............................. 6 fr.

Lettre à M***, conseiller de S. M. le Roi de Saxe, relativement à l'ouvrage intitulé, *Des Juifs au dix-neuvième siècle. Paris,* 1817, *in-8. br*.................................. 6o c.

Discours, Opinions et Rapports sur divers sujets de législation, d'instruction publique et de littérature. *Paris,* 1823, *in-8. br*.. 6 fr.

Contes turcs, en langue turque, extraits du roman intitulé, *les Quarante Visirs*, par Belletête. *Paris, Imp. Roy.* 1812, *in-4. br*.. 8 fr.

— Les mêmes, *Pap. Vél*........................... 15 fr.

Catalogue des Livres imprimés sur Vélin, de la Bibliothéque du Roi. *Paris,* 1822, 5 *tom.* en 4 *vol. in-8. imprimés sur grand-raisin, br:*.. 4o fr.

Catalogue des Livres imprimés sur Vélin, qui se trouvent dans des Bibliothéques tant publiques que particulières. *Paris,* 1824, 3 *vol. in-8. imprimés sur grand-raisin, br*... 3o fr.

Ouvrages de M. Augustin-Louis CAUCHY, *membre de l'Institut, Académie royale des Sciences, etc.*

Cours d'Analyse de l'École royale Polytechnique. *Paris, Impr. Roy.* 1821, *in-8. br.* Le tome 1er................. 6 fr.

Résumé des Leçons données à l'École royale Polytechnique, sur le Calcul infinitésimal. *Paris, Imprimerie Royale,* 1823, *in-4. br.* Le tome premier...................... 5 fr.

Mémoire sur les Intégrales définies prises entre des limites imaginaires. *Paris,* 1825, *in-4. brochure de* 68 *pages.* 3 fr. 5o c.

Mémoire sur l'analogie des Puissances et des Différences, et sur l'intégration des Équations linéaires. 1825, *grand in-4. contenant* 12 *pages*............................... 2 fr.
     Ce Mémoire est lithographié.

Exercices de mathématiques. *Paris,* 1826, *in-4.* Livr. 1 à 8. Chaque Livraison............................ 1 fr. 5o c.
     Les neuvième et suiv. paraîtront incessamment.

Leçons sur les Applications du Calcul infinitésimal à la Géométrie. *Paris, Imp. Roy. septemb.* 1826, *in-4. br. Le tome premier, de* 4oo *pages d'impression*.............. 8 fr.
     Cet ouvrage est destiné à faire suite au Résumé des Leçons sur le Calcul infinitésimal.

9 782014 108781